오월의 아이들아

— 기도와 기적의 현장 교단

KB192966

박순옥 권사 간증집

오월의 아이들아

— 기도와 기적의 현장 교단

개미

우선 이 글을 쓰게 해주신 하나님께 모든 영광과 감사를 올려드립니다.

전부터 교단에서 있었던 일을 좀 써보아야겠다고 생각을 했었는데 써내려가다가 보니 나의 폐부도 드러나고 너무 힘든 이야기만을 쓰는 건 아닌가 하는 생각에 과연 이런 글을 써도 될지 라는 회의도 들었다.

그러나 요즘 너무나도 교육현장에서 젊은 교사들의 어려운 일로 목숨을 잃는 일을 보면서 나의 교단생활에서의 어려웠던 것을 알려줌으로 젊은 교사들에게 조금이나마 위로가 되고 용기를 줄 수 있길 바라는 마음에서 이 글을 쓰게 되었다.

부족하나마 이 글이 지금의 젊은 교사들에게 특히 믿음의 교사들에게 힘과 용기가 되어서 교단에서 잘 견디고 우리의 아이들을 사랑으로 가르치는 교사들이 되어지길 간절히 바란다.

믿음의 교사들마저 힘을 잃고 낙담하고 이 시대의 아이들을 포기하면 우리 아이들은 어디서 하나님의 은혜를 깨달을 수 있으며 주의 사랑을 느낄 수 있을까?

요즈음 교육현실은 교사들 자신의 믿음을 지키기조차 어렵고 아이들에게 복음을 전하기는 더욱 어려운 시기이다. 매일 교단생활 속에서 민원이 제기될까봐 노심초사하며 그저 오늘 하루 무사히 잘 지내면 되지 하면서 아무것도 하지 못하는 교사들이 위축되어 위기감 속에 지내는 것이 너무나 안타까운 생각이 든다. 그러나 하나님은 이 시대에 믿음의 교사를 세워서 노아와 같이 다니엘 같이 사용하고 싶어 하신다.

노아의 가족도 세상 사람들의 손가락질을 받고 비난 속에서 120년을 견디며 방주를 지었으며 다니엘은 이방나라에서도 믿음의 절개를 지키고 하나님만을 신실히 믿고 기도함으로 하나님의 도우심을 힘입어 사자 굴에서도 건짐을 받아 하나님의 보호를 경험했다.

교단에서 움츠러 들어 가는 우리의 젊은 믿음의 교사들이 먼저 하나님의 크신 사랑을 경험하고 담대함으로 교육의 현장 속에서 아이들과 학부형들에게 예수님의 사랑을 보여주고 주예수를 전하는 귀한 삶을 힘 있게 살아내길 간절히 소원한다.

우리는 절대 혼자가 아니다. 우리 옆에 많은 동역자들이 있으며 하나님이 때때로 붙여주시는 천사가 있음을 잊지 말아야 한다.

어려울 때 믿을 만한 선배 선생님과 상담하고 하나님의 크신 도우심을 바라고 기도를 쉬지 말고 누구보다 어린아이들을 사랑하고 그들을 나의 동생처럼 자녀처럼 대할 수 있었으면 좋겠다. 그리고 이 시대의 학부형들이 우리의 적이 아니고 모두 함께 보듬어주고 격려하며 우리 아이들을 사랑으로 길러가야 할 동지이자 좋은 동역자임을 잊지 말아야 할 것이다.

바라기는 이 시대의 엄마 아빠들이 자녀들의 바른 교육을 위해 교사들을 믿어주고 서로 사랑으로 하나 되어 아이들과 교사와 학부형이 삼위일체가 되어 우리 아이들을 바른 삶으로 기르고 사회도 건강하고 국가도 든든하게 설 것이다.

부디 이 시대의 믿음의 젊은 교사들이 하나님 안에 큰 용기

오월의 아이들아

를 얻고 이 삭막한 교육현장 속에 사랑의 물줄기를 흘려내려
보내는 귀한 사람들이 되길 간절히 바라며 이 글을 쓴다.

2023년 11월

박순옥

차례

[1]
부르심

/

형제들아 너희를 부르심을 보라 육체를 따라 지혜로운 자가 많지 아니하며 능한 자가 많지 아니하며 문벌 좋은 자가 많지 아니하도다

그러나 하나님께서 세상의 미련한 것들을 택하사 지혜 있는 자들을 부끄럽게 하시고 세상의 약한 것들을 택하사 강한 것들을 부끄럽게 하려 하시며

하나님께서 세상의 천한 것들과 멸시받는 것들을 택하사 있는 것들을 폐하려 하시나니

이는 아무 육체도 하나님 앞에서 자랑하지 못하게 하려 하심이라

(고린도전서 1장 26-28절)

　나는 농촌에서 태어나 여섯 살 때까지 시골 동네 초등학교 후문 쪽 꽤 넓은 초가집에서 살았다. 우리 아버지가 9남매의 맏이셔서 어린 시절 삼촌들과 고모들 틈에 귀염을 받았고 할아버지 할머니도 귀여워하셨고 동네분들도 그 당시에 아기가 없어서 나를 참 예뻐하셨다. 우리 아버지는 젊은 시절에 초등학교 교사를 하시다가 똑똑한 젊은이라고 발탁되어 국회의원 비서를 하시다가 그분이 국회의원이 안 되는 바람에 서울로 무작정 올라가셔서 시청 공무원을 하셨고 감사원에도 계셨고 나중에 건설부에서 오랫동안 재직하시다가 퇴임을 하셨다.

　나의 어린 시절엔 아버지가 근무하시던 초등학교 후문 가까이에 살았는데 우리집 툇마루 기둥을 붙잡고 돌면서 학교 안 후문 가까이에 있는 우물에 물길으러 오는 동네 아주머니들께 "어서 온나, 잘 가재"하고 인사를 곧잘 해서 모두의 사랑을 받고 자랐다.

고향

초등학교 야트막한 담장 너머
돌담집은 우리 할머니 집

초등학교 안쪽 우물엔
동네 아주머니들 웃음소리

툇마루 기둥 붙잡고 돌며
"어서 온 나 잘 가재" 인사하던 동네 귀염둥이 나

할아버지 몰래 막내 고모 밤 마실 갈 땐
날 등에 업고 이부자리 베개로 볼록

동네 사랑방에 모인 처녀 친구들
깔깔깔 호호호 밤 가는 줄 모르고

밤 깊은 개울가에
동네 처녀들 모여 먹 감던 고향

지금도 꿈속에선

어린 시절 고향이 보여

— 박순옥 詩 「고향」 전문

여섯 살 때 아버지의 직장을 따라 서울에 올라오면서 아버지
는 직장으로 엄마는 남의 집 바느질삯을 팔아서 생활을 꾸려가
느라 우리 남매는 거의 방치되다시피 되었다. 그러다가 내가
일학년 무렵 정릉으로 이사 가서 엄마가 집 앞에 천막을 치고
교복 만드는 일을 하셔서 가정살림에 보태셨다.

2학년 때 다른 곳으로 이사를 가서 전학을 갔으나 아버지께
서 울산으로 전근을 가셔서 울산으로 이사를 가는 바람에 2학
년 때 두 번이나 전학을 다녔다.

울산에 이사 가서 2학년부터 5학년 때까지 제2의 고향 같이
살았다.

울산에서 사는 동안 3학년 때 한 친구가 교회 소풍을 함께
가자고 해서 학성공원에 따라갔다가 교회에 잠깐 들렀었는데
집으로 돌아오는 길을 못 찾아 울면서 찾아왔었다. 나에겐 생
애 처음으로 교회에 가본 경험이었다. 그런 후에 단 한 번도 교

오월의 아이들아

회에 나가 본 적이 없었다. 그러나 내 마음속엔 그때 대나무 숲 속의 작은 교회에 가보고 싶은 생각이 떠나지 않았다. 5학년 때 다시 서울로 올라와 초등학교를 졸업했다.

원래는 매우 인사성도 바르고 다른 사람의 사랑을 많이 받고 자랐지만 여러 번 전학을 다니면서 적응을 잘못해 학교에 가면 말 한마디도 안 하고 있다가 온 적도 있고 소심하고 자신감이 없는 아이가 되었다. 어떤 친구가 나에게 너는 학교에 와서 몇 마디 하고 가니? 라고 물을 정도였다.

중학교 입학시험을 볼 때 감기약을 잘못 먹어 시험을 망치고 체력장도 제대로 못해서 1차에 떨어지고 2차로 야간 중학교를 가게 되었다. 야간을 다니기 싫었지만 더 이상 다른 대책이 없어서 그냥 다닐 수밖에 없었다. 그래도 중학교 때 나의 성적은 우수했고 나름대로 자부심도 생겼다. 그러나 그 학교의 상위학교는 여상인데다 난 수학을 싫어했고 상업고등학교에 들어가기 싫어서 인문계 고등학교에 지원을 해 7대1의 경쟁을 뚫고 합격을 했다. 그 학교는 공부를 잘하는 친구들도 많고 같은 여중에서 올라온 아이들의 텃새 탓에 고1 때 성적이 뚝 떨어지니 담임 선생님이 불러서 상담을 했었다. 고2 때는 내 짝이 너무 깍쟁이라 나를 왕따시켜서 너무 힘들었는데 담임 선생님이

눈치를 채셨는지 자리를 바꾸어 주시되 너무나 천사 같은 지금
도 만나는 친구를 짝으로 앉혀주셨다.

그 친구는 아버지께서 큰 무역회사를 하시고 아주 잘사는 집
아이였는데도 어찌나 착하고 여린지 나와 함께 얘기도 많이 하
고 점심시간이면 함께 손잡고 교정을 거닐며 대화를 많이 나누
었다. 이 친구는 온 가족이 다 불교를 믿는 집안에서 유일하게
혼자 예수님을 믿은 친구다.

고등학교 시절 흑백 사진에 그 착한 친구와 함께 찍은 사진
이 많이 있다.

고3 때 친했던 친구는 성악을 하는 믿음이 참 좋은 친구였
다. 하루는 그 친구의 집으로 놀러 갔었는데 아버지가 딸을 공
주처럼 대하는 것을 보고 나도 이다음에 결혼할 때 저런 남편
과 결혼해야겠다고 결심을 했었다. 우리 아버지는 공무원이시
고 청렴결백하신 분이셨다.

박정희 대통령 시절에 국토계획과에 계셔서 조금만 다른 마
음을 먹었다면 아마도 우리집이 잘 살았을지 모르나 대쪽 같은
성품이셔서 우리집은 언제나 검소했다. 아버지는 너무 가부장
적이시고 엄격해서 아버지와는 거의 대화를 못했던 것이
나에겐 마음의 큰 상처였다. 고3 때 내 친구가 연세대 성악과

에 시험 보던 날 머리핀이 부러져 핀을 다시 사서 꽂으며 '하나님 이것 때문에 제가 시험에 떨어지지 않게 해주세요' 라고 기도했는데 합격이 되었다고 했다. 지금 와서 생각해보니 그 친구는 참 믿음이 좋았던 친구였다.

난 고3 때 열심히 공부했으나 대학에 떨어져 재수를 했다. 재수할 때 남산도서관을 많이 다녔었다. 새벽같이 도서관 앞에서 기다렸다가 자리가 나면 들어가 열심히 공부를 했다.

종로의 단과 학원에 갔다가 6학년 때 내 짝을 만나서 같이 공부하기도 했다.

고3 때는 친구들과의 경쟁으로 인해 마음이 눌려 공부가 잘 안 되었었는데 재수할 때는 내가 하고 싶은 공부를 하고 잘 모르면 학원이나 때로 도서실에서 공부하는 대학생이나 좀 잘 할 것 같은 사람에게 물어가면서 공부를 하다 보니 오히려 확실히 알게 되어 자신감이 더 생겼다. 그래서 내가 원하던 교대에 들어갔다.

내가 다니는 대학은 기차를 타고 다녀야 했기 때문에 친구들과의 재미있는 추억이 많다. 4명이 마주보는 칸은 미팅 칸이고 긴 의자로 되어 있는 칸은 패션 칸이라고 이름 붙이고 친구들과 약속을 하되 미팅 칸에서 만나기도 하고 패션 칸에서 만나

기도 했다.

사계절마다 놀러 다니는 곳도 많고 기차 속에서 이루어지는 여러 가지 만남을 통해 내 친구는 결혼까지 이른 친구도 있다.

교대 2학년 때 한 친구가 자기가 다니는 IVF에 가면 많은 대학생들을 만날 수 있다고 가 보자고 해서 미팅하는 마음으로 놀기 삼아 갔었다. 그곳에서 서울대 공대생이 다니는 교회에 등록을 하고 다니게 되었다. 재수를 했기 때문에 교대 2학년 스물세 살에 교회에 다니기 시작했다. 그때에는 교회에 가고 싶으면 가고 가기 싫으면 안 가고 놀러 다니고 싶을 땐 교회에 가지 않았다.

교대를 졸업하고도 1년을 발령 대기 상태여서 신문에 구직 광고란을 뒤져서 여러 가지 아르바이트를 해보긴 했어도 시원치 않아 삼촌의 인쇄소에 부탁해서 과외 광고를 찍어서 온 동네에 돌려서 초등1~6학년과 중학생들까지 과외지도를 했다. 어차피 아이들을 가르칠 것이니 내겐 큰 경험이 될 거라 생각했기 때문이다.

나는 스물네 살에 첫 발령을 받았다.

그 당시 서울에 교사들이 부족하여 내가 인천교대를 나왔지

오월의 아이들아

만 자기 연고지 근처로 발령을 내주어서 내가 나온 고등학교 주변 학교에 첫 발령을 받았다.

처음에 5학년을 맡았는데 아이들 앞에서 어떤 말을 해야 할지 몰라 쩔쩔매고 아이들을 잘 가르치지도 못했다. 그런데 초년생인 나에게 연구수업을 하라고 했다. 앞이 깜깜했다. 연구수업이 무언지도 모르고 5학년 사회수업을 하게 되었다. 그 당시에 나와 사귀던 사람이 차트를 그려주어서 그것으로 수업을 했다. 그러나 수업이 시원치 않아 전교 모든 교사들과 교장 교감이 모인 자리에서 말할 수 없는 창피를 당하게 되었다. 너무나 수치스러워서 이렇게 하면 교사 생활을 어찌할까 하고 사표를 쓰려고 했더니 교직 13년차이신 옆반 남자 선생님이 자기도 아이를 가르치다 화나면 창문 바깥을 하염없이 내다보고 너무 힘들면 운동장에 나가서 팔딱팔딱 뛰었더니 저기 운동장에 푹푹 들어간 곳이 자기가 뛰어서 들어간 곳이라고 농담을 하시며 교장이 선생님을 발령내준 것이 아니고 문교부 장관이 내준 것이니 절대 그만두지 말고 교장 선생님께 인사를 좀 하라고 했다. 난 열심히 인사를 한다고 했더니 그런 것이 아니라 교장 선생님께 선물을 하라고 했다. 그런 것이 그 시대의 관행이었던 것이다. 그렇게 첫 발령지에서의 어려움이 있었다.

그해 겨울에는 눈이 유난히 많이 와서 차가 다니지 못한 때가 있었다. 난 답십리에 살고 내가 다니는 학교는 용산에 있었는데 2시간 반을 걸어서 학교에 출근을 하게 되었다. 아이들이 창문에서 내다보고 있었고 내가 도착하니 환호성을 울렸다. 참으로 감격스런 날이었다.

다음해 1학년을 맡았는데 반 아이 중에는 할아버지가 목사님인 아이가 있었는데 내가 출근하면 교탁 속에 숨어 있다가 나를 깜짝 놀래키곤 했다. 그 아이는 너무나 귀엽고 개구쟁이였다. 1학년 아이들이 내 팔을 서로 잡으려다 옷이 찢어지기도 했다.

이런저런 에피소드가 있는 첫 발령지에서 아이들이 너무 예쁘고 사랑스러웠다.

나는 스물세 살에 교회를 나가기 시작했고 세례받기까지 3년이 걸려서 스물여섯 살이 되어서야 세례를 받게 되었다. 그 당시에 지인의 소개로 만나던 한 사람이 있었는데 그 사람은 사업을 하는 사람이었고 집안이 좋은 사람이었다. 아버지는 그 사람과 결혼하기를 원하셨지만, 그 사람은 어머니를 자기가 모셔야 하고 자기는 사업을 하는 사람이라 예스냐 노냐를 분명히

오월의 아이들아

해야 한다고 하면서 일주일간 시간을 줄 테니 답을 달라고 했다. 난 일주일간 기도를 열심히 했다. 그런데 그 사람을 만나러 가기 하루 전날 밤에 하나님께서 말씀으로 "네가 그 집에 들어가면 새장에 갇힌 새가 된다"고 하시면서 나의 가슴을 답답하게 하셨다. 그래서 그 사람에게 아니라고 말하고 헤어졌다. 만일 내가 그 집에 시집갔으면 새장에 갇힌 새의 신세가 되었을 것이다.

그 당시에 세례를 받았고 세례를 받고 나서부터 결혼에 대해 기도를 많이 했다.

하나님께 세 가지를 놓고 기도했다.

첫째 아버지와 같은 사람이 아닌 다정한 사람을 원했다. 우리 아버지는 너무나 가부장적이고 어머니와 자녀들에게 너무 엄격하셔서 그것이 너무 싫었기 때문이다.

두 번째는 부모님이 반대하지 않고 축복하는 결혼을 하길 원했다. 그 이유는 언니가 형부랑 부모님 반대하는 결혼을 하니 너무나 파란만장하게 사는 것을 보고 난 부모님이 허락하는 결혼을 하기로 했던 것이다.

세 번째 내가 너무 꿈의 사람이니 현실적인 사람을 달라고 기도를 했다.

친구로부터 남편을 소개받았을 때 마음에 들지 않아서 별로 기쁜 마음으로 만나지 않았다.

나의 남편은 사실 외모도 여러 가지 조건도 내가 그동안 만난 사람들에 비하면 좀 초라했다. 그래서 하나님께 "이 사람이 내 남편감이 아니면 아버지께서 반대하게 해 주세요" 했는데 아버지께서 이 사람을 만나 보고 사람은 똑똑한데 인물이…… 그러시면서도 반대를 안 하셨다.

나는 하나님의 응답이라고 생각하고 결혼을 했다.

결혼한 후 생각해보니 하나님이 나의 기도에 모두 응답해 주셨다는 것을 알게 되었다.

남편은 참 따뜻한 사람이라 나의 실수와 부족한 부분을 들춰내지 않고 잘 덮어 주었다.

결혼하고 나서 행복하냐고 물어보는 사람들에게 행복하다고 말해 주었다.

그 당시 나는 4학년 아이들을 가르치고 있었는데 그 아이들이 나를 유난히 잘 따랐다. 그 아이들이 나중에 대학에 들어가서도 나를 여러 학교를 거쳐 물어물어 찾아오기도 했었다.

내 결혼식에 많은 제자들과 학부형들이 하객으로 참석했고 나를 힘들게 했던 교장 선생님도 결혼식에 오셔서 축하해 주셨다.

오월의 아이들아

나의 아담

하나님이 짝지어 준 나의 아담은
갸날프고 강인하다

언제나 변함이 없고
늘 부지런한 몸짓
때론 강하게
때론 부드럽게

나의 아담은
조절 기능을 가진 로봇 같다
맑고 부드러운 눈
때론 냉철하여 차가운 눈
여자같이 갸날픈 손
뽀빠이같이 울퉁불퉁한 가슴 근육

세상의 의지를 한몸에 지닌
아침과 저녁의 정확한 시간

책읽기를 끊임없이
운동과 영어 공부를 끈질기게

나의 아담은
변함없이 흐르는 강물 같다
난 결혼 후 사랑을 배웠다
늘 옆에서 귀하게 여겨주는 나의 아담 때문에

오래 묵은 포도주처럼
우리 부부사랑이 변함없길
나의 아담은 큰 나무가 되고
난 작은 새가 되어
나의 아담과 함께
은혜의 빛 속에 영원히 살리라

— 박순옥 詩 「나의 아담」 전문

그 후에 두 번째 학교로 발령을 받았다. 임신을 하여 만원 버
스를 타고 학교에 다니니 너무나 힘들고 엉덩이뼈가 아파서 할

수 없이 학교 근처로 이사를 했다.

그곳은 아주 열악한 동네여서 한집에 여러 가구들이 사는 동네였다. 우리가 사는 집도 마당이 하나 있고 그 주변에 네 가구가 함께 사는 그런 곳으로 이사를 갔다. 그곳에서 첫딸을 낳았다.

딸을 그 집의 문간방에 사시는 아주머니에게 돌봐주도록 맡겼다.

딸은 정말 순하고 착해서 어느 누가 봐도 쉬울 정도였다.

우리 딸이 5개월 정도 되었을 때 여름방학 연수를 갔다가 집에 왔는데 방문이 열려 있어 방안에 들어가면서 "어머니 오셨어요?" 하고 들어서는 순간 갑자기 방안에서 시꺼먼 주먹이 튀어나와 나를 치고 도망을 갔다. 난 넘어지면서 기절했고 그 도둑이 나의 폐물을 다 가져간 것이다. 그때에 경찰이 와서 조사도 했지만 찾지 못했고 난 그날의 기억 때문에 문 열기가 두려운 트라우마가 생겼다. 그때 부흥 강사님의 말씀이 떠올랐다. 십일조는 안하면 십일조가 뒷발길질하고 튀어 나간다고 하셨던 생각이 나서 그때부터 나의 십일조를 시작해야겠다고 결심했다. 그 무렵 학교에서 종례시간에 다른 사람들은 인사하고 먼저 일어나 나가고 내가 맨 마지막에 일어나는데 뒤에서 '십일조'라고 하는 분명한 소리가 들려서 돌아보니 아무도 없었다. 그래서 '하나님 알았어요' 하면서 그달부터 십일조를 시작해서 지금까지 하고 있다.

오월의 아이들아

2
구원의 길이 열리다

그런즉 그들이 믿지 아니하는 이를 어찌 부르리요 듣지도 못한
이를 어찌 믿으리요

(로마서 10장 14절)

그 학교에는 믿음 좋으신 선생님들을 많았다.

첫해엔 월요일마다 퇴근하는 나를 신우회 선생님이 막고 서
서 교회에 가서 성경공부하고 가라고 해서 붙잡혀서 학교 바로
앞에 있는 교회에 가서 성경공부를 했다. 두 번째 해엔 CCC에

다니는 아주 예쁜 여선생님으로부터 십단계 성서를 배웠고 세 번째 해엔 인천교대 선배이신 선생님을 통해 네비게이토 6권을 공부했었는데 그분은 신우회를 인도하면서 네비게이토 책자의 숙제를 안 해오면 말을 못하게 하시는 명사회자셨다. 난 숙제를 꼬박꼬박 해가서 즐겁게 성경공부를 했다. 학교의 행사로 신우회가 못 모일 상황에서도 선배를 찾아가 모이자고 부탁까지 했었다. 그러던 중에 선배가 나의 구원에 대해 질문을 해왔고 우물쭈물하는 내게 사영리로 설명을 해주었다.

그때 확실한 복음을 알게 되었고 인격적으로 예수님을 나의 구원주로 모셔드렸다.

그때부터 새로운 눈이 떠졌고 자연을 보면서 창조주 하나님이 느껴지면서 풀잎 하나 꽃잎 하나가 어쩌면 그리 아름다운지…… 태양을 보면서 하나님 아버지가 느껴지고 구름을 보면서 주님이 언제 이 땅에 오실까 늘 설레는 마음으로 기대했었다. 매순간마다 하나님이 나와 함께 하심을 깊이 느꼈다. 그때부터 난 성경을 손에서 놓지 않았다. 전에는 베스트셀러 책은 한 권도 빼놓지 않고 보던 내가 그때부턴 오직 성경만을 읽게 되었다.

버스를 타고 다닐 때도 흔들리는 버스에서도 성경을 읽었고

오월의 아이들아

하늘을 바라보며 저 구름 타고 주님이 오실까? 라며 늘 기대감에 부풀었다.

　그 당시 하나님이 꿈으로 많은 것을 보여주셨다.
　지금도 생생하게 생각나는 것은 꿈속에서 내가 어둔 골목길을 어린아이들과 손을 잡고 뛰어가는데 하늘 저편에 영롱한 비둘기들이 날아와 한 형상을 그렸는데 쳐다보니 예수님의 얼굴이었다. 내가 보기에 예수님이 인자하신 얼굴보다 근엄하신 얼굴이었다. 그러더니 그 비둘기들이 순간적으로 날아가 버려 한 번 더 보고 싶어서 다시 하늘을 쳐다보았지만 보이지 않았다.
　또 다른 꿈은 교실에 있는 아이들의 책상이 맑은 물에 잠겨 있는 꿈을 꾸었고, 깜깜한 밤하늘에 수많은 별들이 출렁이는 것도 보았다. 이런 것이 아무런 뜻 없는 것이 아닌 명확한 하나님의 뜻이 있는 꿈이란 생각이 들었다.
　하나님이 나를 초등학교 교사로 세우시고 그 어린아이들에게 복음을 전하라고 하는 하나님의 메시지임을 나는 분명하게 느꼈다.
　이때에 성경을 읽으며 성경공부를 하는 것이 얼마나 재미있고 행복했는지. 여름방학 때에도 신우회 선생님 댁으로 다니면서 성경공부를 했다. 우리 아기들이 어려서 한 명은 업고 한 명은 걸려서 전철을 타고 다니면서 성경을 배웠다. 신우회 선생님 댁으로 가면 음식을 차려주셔서 먹고 성경공부도 하고 즐거운 대화를 나누다가 두 아기들을 데리고 전철을 타고 집에 오는 것이 힘들었지만 너무나 기쁘고 감사했다.

나는 학교에서 퇴근하면 집에 오기 전에 교회에 먼저 들러서 기도를 했다. 내가 기도를 하면 하나님은 나의 기도에 금방 응답하셨다. 그 당시 남편이 두 가지 시험을 치고 있었는데 그 시험에 모두 합격하고 승진도 되고 방송통신대학 행정학과에서 장학금도 받았다.

4년째 되던 해에 선배 선생님이 다른 학교로 전근을 가셔야 했기 때문에 내겐 스승이 없어지게 되었다. 너무나 막막한 생각이 들었다. 그때 우리 학교에 전도사님이면서 교사로 재직하시는 선생님이 계시다는 얘기를 들었다.

그 선생님을 찾아가서 나 한 사람을 위해서라도 성경을 좀 가르쳐 달라고 간곡히 부탁을 드렸더니 그분이 자기가 신우회 회장이 되면 가르쳐 주겠다고 하셨다.

선배 선생님이 전근 가시기 전에 마지막 신우회 회식을 중국집에서 하면서 신우회 회장 투표를 했는데 다른 선생님께 4표

전도사님 선생님께 5표로 그분께서 신우회 회장이 되셨다.

너무나 기쁘고 감사했다. 그때부터 매주 월요일마다 우리 교실에서 신우회 모임을 가졌다. 전도사님인 선생님은 많은 달란트를 가지신 분이셔서 학교의 일도 많이 하셨다. 아이들에게 리코더와 바이올린을 가르치기도 하셨고 운동회 때 용진문을 손수 만드시기도 하셨다.

그분은 우리 반에서 매주 월요일에 성경공부를 시키시면서 나 한 사람만 있어도 프린트물을 여러 장 해 오셔서 칠판 이 끝부터 저 끝까지 길게 기록을 하시며 열심히 성경을 가르쳐 주셨다.

창세기부터 말라기서까지 내용과 역사적 배경, 하나님의 구원 역사를 줄줄이 꿰어 얼마나 깊이 있게 가르쳐 주시는지 너무나 황홀할 정도였다. 성경을 부분적으로 알고 있던 내게 왜 성경이 이렇게 쓰여 졌는지를 알게 해 주었고 아브라함 때부터 하나님이 자기 백성을 어떻게 이어지게 하셔서 지금의 나에게 까지 구원의 길이 열렸는지를 알려주었다. 또한 전혀 몰랐던 중간사도 가르쳐 주고 4복음서를 다하고 나니 일 년이 지났다.

나는 정말 하늘을 나는 듯이 기쁘고 매일의 삶이 기쁨과 행복의 삶이었다. 주일이 지나면 월요일이 기다려지고 수요일이 기다려지고 금요일이 기다려지는 뜨거운 시간들을 가졌다.

이때부터 나에게는 꿈이 생겼다.

나는 시댁이나 친정에서 나를 힘들게 하는 사람이 없으니 '복음을 위해 고난을 받자'라는 결심을 하게 되었다.

그러던 어느 주일날 우리 아기들을 돌봐주는 아주머니가 아무 소식도 없이 집을 나가버리셔서 아기들을 돌볼 사람이 갑자기 없어지니 월요일에 학교를 갈 수 없었다. 월요일 신우회 모이는 날에 학교에 갈 수 없는 것이 너무나 마음이 상하고 안타까웠다. 그래서 울면서 하나님께 기도했는데 극적으로 우리 아기들을 전에 돌보시던 할머니께서 다시 오시게 되어 학교에 마음 편히 나갈 수 있었다.

일 년 동안 전도사 선생님을 통해 창세기부터 말라기서 그리고 중간사와 4복음서를 배우고 일 년이 다 지나게 되었다.

그 선생님과 나는 각각 다른 학교로 발령을 받아 떠나게 되어 더 이상은 성경공부를 못하게 되었다. 얼마나 아쉽고 안타까웠는지 모른다. 이렇게 성경공부를 하고 나니 마음이 뜨거워지면서 성경을 손에서 놓지 못했다. 난 내 나이만큼 성경을 읽어야겠다고 생각하고 열심히 성경도 읽고 이 무렵에 하나님이 나를 부르신 목적이 더욱 확실해졌다.

오월의 아이들아

내가 초등학교 3학년 때 딱 한 번 교회에 가본 것이 계기가 되어 어른이 되었을 때 교회에 나가게 되고 이렇게 거듭나 하나님의 일꾼이 된 것처럼 내가 교단에서 가르치는 아이들이 일년에 단 한 번만이라도 교회에 나가면 그 아이도 나처럼 어른이 되었을 때라도 교회를 찾겠구나 하는 생각이 들었다. 내가 교사가 된 것은 어린아이들을 전도하라고 세워주셨구나 하는 확실한 믿음이 생겼다.

그때부터 내 교사생활에 명확한 목표가 생겼다.

매년 내가 가르치는 아이들에게 전도를 하여 그 아이들이 일년에 교회를 꼭 한번은 나가게 하는 것이었다.

다른 학교에 발령을 받아 가면서 하나님께 '제가 그동안 많이 얻어먹었으니 뱉을 곳으로 보내주세요' 라고 기도했다.

오월의 아이들아

오월의 아이들아!

눈부시게 맑은 하늘에 산마다 들마다 가지각색의 꽃들이 만발하여

저마다의 자태를 뽐내는 오월에 난 너희들을 생각한다

겨울의 가지를 채 벗지 못한 나뭇가지에 가냘픈 연초록의 나뭇
잎들이 하늘거리는 모습을 보면
그 여린 나뭇잎 속에 너희들이 보인다
작은 언덕 위에 파릇한 새싹들 사이에 피어 있는 작고 여린 이름
모를 들꽃을 보면
너희들이 그 꽃 속에 보인다
깊은 산속에 콜콜 물 울음소리 내며 흐르는 작은 시내를 보면
너희들의 노랫소리가 들린다

애들아!
온 세상을 눈부시게 환한 빛으로 뒤덮어 온통 사람들의 혼을 빼
앗지만
일주일도 못되어 아쉬움 속에 시린 마음에 사라져 버리는 벚꽃
같은 사람이 되지 말고
차라리 소박하지만 갖가지 분홍빛 철쭉처럼 오랫동안 사람들의
마음에 남는 그런 사람이 되거라

오월의 아이들아

뜨거운 여름 홀로 도도히 요염한 자태를 뽐내는 장미 같은 그런 사람 되지 말고

차라리 이름은 모르지만 무리지어 소담하게 핀 들꽃처럼

지나가는 나그네의 외로움 달래는 그런 사람이 되거라

오늘도 무에 그리 즐거운지 깔깔거리며 재잘거리는 깨물어주고 싶도록 예쁜 오월의 아이들아

난 언제나 너희들 곁에 바람처럼 햇살처럼 머물고 싶구나

너희들의 뺨을 언제든 쓰다듬고 언제나 착하디착한 너희 마음속에

오월의 꽃이 되고 바람이 되어……

— 박순옥 詩「오월의 아이들아」전문

3
보내심

보내심을 받지 아니하였으면 어찌 전파하리요 기록된바 아름답
도다 좋은 소식을 전하는 자들의 발이여 함과 같으니라

(로마서 10장 15절)

하나님은 나를 바위산을 깨어 낸 곳에 학교를 세워 처음 개
교하는 학교로 보내주셨다.

그곳은 하늘 아래 첫 동네였고 삭막한 곳으로 준 특수학교였
다.

3년간 그곳에서 근무를 하면서 처음에는 아직 아이들을 받지 않은 상태라 학교 개교를 준비하는 가운데 거의 교무실에서 근무를 하고 있었다.

나는 일부러 성경책을 책상 위에 펴놓고 읽었다. 지나가는 사람들 중에 "믿음이 아주 좋으시네요"라고 말을 거는 사람들을 눈여겨 봐두고 이름을 알아두었다가 나중에 학년 반이 배정될 때 그분들에게 회람을 돌려 신우회로 모이기 시작했다.

그때 1학년을 맡았는데 우리 반 똑똑한 아이에게 회람을 돌렸더니 아이가 쉬는 시간이 지났는데도 수업시간에 돌아다니는 아이를 발견한 교장 선생님이 그 아이의 회람 쪽지를 빼앗아 가고 아이는 울면서 돌아왔다. 아이를 달래 주고 교장 선생님이 부르시길 기다렸는데 나를 부르신 것이 아니라 내가 회람 돌렸던 선생님들을 모두 교장실로 불러서 그 선생님들에게 경고를 주어 그 주부터 선생님들이 한 사람도 모이질 않았다. 그래서 난 혼자서 신우회 예배시간을 지키고 어쩌다 한 사람이라도 오면 같이 예배드렸다.

그 다음해 교장 선생님이 정년퇴임을 하고 다른 교장 선생님이 오셨는데 새 교장 선생님은 아직 파악을 못하신 상태라 우리가 신우회로 모이는 것에 대해 간섭을 안 하셨다. 그때엔 39

학급에서 13명의 교사들이 모여 신우회 모임을 가졌다.

매주 월요일 학교 퇴근 후 교육자선교회에 가서 성경공부를 하고 화요일에 신우회에 가서 그대로 가르쳤다. 그런데 3개월쯤 지났을 때 교장 선생님이 종례시간에 종교적인 모임을 학교에서 하지 말라는 말씀을 하셨다. 할 수 없이 학교 후문 쪽에 여자 목사님이 하시는 작은 개척교회에 가서 부탁드려 신우회를 그곳에서 모였다.

신우회를 마치면 오후 6시쯤 되었다.

그 당시 우리집에서 학교로 오는 길은 버스를 타도 30분이요 산길을 걸어와도 30분이어서 산길을 걸어서 학교를 다녔는데 신우회를 마치고 집으로 가려면 산길이 어둑어둑해졌다. 그래도 찬송을 부르면서 얼마나 기쁘게 다녔는지 모른다. 산길로 다니다보니 구두가 금방 떨어져 덜렁거렸다. 어떤 학부형이 금강구두 티켓을 주셨지만 돌려 드렸다. 그리고서 구두를 철사로 좀 묶어서 신고 다녔는데 그런 것이 얼마나 감사했는지 모른다. 그 당시에는 봉투나 티켓을 학부형들이 주던 것이 관행인 때인데 난 예수님 믿는 사람으로 그런 것을 안 받기로 하나님 앞에서 약속을 했기 때문에 어떤 것도 받지 않았다.

그 학교에는 참 어려운 처지의 아이들이 많았다.

6학년을 가르칠 때 한 남자아이가 학교를 오다가 갑자기 쓰러졌다. 그 아이를 업고 집으로 데리고 가서 파출부로 다니는 엄마에게 연락을 하였다. 아이를 여러 병원으로 데리고 갔는데 큰 병원으로 가라고 해서 한양대병원에 입원을 했었다. 병원을 찾아가 엄마를 만나서 위로해주고 아이의 상태를 물으니 갑자기 근육무기력증이 와서 걸을 수 없게 되었다고 하면서 중환자실에 입원을 시켰다고 했다. 너무나 안타깝고 그 아이를 위해 무엇을 해주어야 할까를 생각하며 기도를 하다가 그 아이에게 위로가 되는 편지를 써서 병원에 갖다 주어야겠다고 생각이 들었다.

나는 우리 반 아이들에게 이 얘기를 하고 모든 아이들이 편지를 쓰게 하고 그 아이를 위해 반 아이들과 기도를 했다. 편지를 가지고 병원에 찾아가서 엄마와 만났다. 그 아이는 말도 못하는 상태여서 엄마와도 글씨를 써서 의사소통을 하고 있었다. 우리 반 아이들의 편지를 들고 면회시간에 맞춰 중환자실로 들어가 아이에게 위로해주고 기도를 해주면서 우리 반 아이들의 편지를 주고 나중에 읽어보라고 아이에게 전해 주었다. 아이는 눈물을 흘리며 감사해 했다.

내가 반 아이들과 매일 기도할 때 그 아이가 졸업식에 올 수 있도록 기도를 했다. 기적이 일어났다. 그 아이가 한 달 만에 일반 병실로 나오게 되었고 한 달 후 퇴원을 하여 졸업식에 참여하게 되었던 것이다. 엄마는 너무나 감사하다고 하면서 자기도 하나님을 믿겠다고 했고 아이도 교회를 다니기로 약속을 했다. 그 후 그 아이가 잘 나아서 우리집에 놀러오면서 엄마가 사주셨다고 귤을 들고 왔다. 너무나 감사했다.

  다음해 4학년을 맡았었는데 그해 조금 지능이 떨어지는 남자아이가 있었다. 내가 어느 날 꿈을 꾸는데 삼일동안 연거푸 비슷한 꿈을 꾸었다. 처음에는 어떤 웃통을 벗은 남자가 우리 반에 들어와 행패를 부리는 꿈이었고, 또 한 번은 우리 반의 문을 나무판자로 못을 박아서 들어갈 수 없게 하였고, 또 한 번은 교실에서 돼지고기 굽는 냄새가 나는 꿈이었다.
  기분이 안 좋았다.
  그 꿈을 꾸고 나서 며칠 후 아이들에게 해 그림자를 오후에 재서 기록하는 과학 숙제를 내주었다. 그날 오후 우리 옆반 교실에서 동학년들이 회식 겸 돼지고기를 구워 먹고 있었다. 내가 돼지고기 한 점을 먹으면서 돼지고기 굽는 냄새가 꼭 꿈속에서 맡았던 냄새 같은 느낌이었다. 바로 그때 어떤 아이가 뛰어와서 "선생님 우리 반 아이가 체육창고에서 머리를 다쳐 피가 많이 나서 보건실로 데리고 갔어요."라고 했다. 난 직감적으로 '올 것이 왔구나' 하는 생각이 들어 얼른 보건실로 달려가 아이를 보니 그 아이는 이마가 찢어져 피가 많이 나고 있었다. 보건 선생님이 응급처치를 하고 부모님께 연락을 했다. 그리고 119를 불러 아이를 태우고 병원으로 갔다. 나중에 알고 보니 그 아이가 과학 숙제를 하느라 학교 운동장에 왔다가 체육창고 문이 열려 있고 그 속에 높이뛰기대가 있는 것을 보고 그냥 아무 생각 없이 뛰어들어가다가 머리를 체육창고 철틀에 부딪친 것이었다. 병원에서 여러 바늘을 꿰매고 며칠 후 학교로 나왔다. 그때도 난 하나님이 미리 꿈으로 알려주신 것을 알고 당황하지 않을 수 있었다.

겨울에 우리 반 아이들과 함께 크리스마스 때쯤 선물과 편지를 써서 고아원을 찾아가기로 했다. 아이들과 여러 가지를 준비했다. 아이들이 산타 복장을 하고 자기네들이 마련한 선물을 빨간 부대에 넣어서 고아원을 찾아가 그곳 고아원 아이들과 여러 가지 게임을 하면서 즐거운 추억을 만들고 왔었다.
고아원에 갈 때 우리 시어머님이 함께 가시겠다고 하셔서 모시고 갔다.

고아원 아이들은 그날 우리 반 아이들과 즐겁게 놀고 같이 먹고 참으로 행복한 시간을 가졌다.

우리 시어머님의 친정 아버님은 독지가셨는데 독립운동가들을 도와주셨고 고학하는 학생을 도와주신 훌륭하신 분이셨다. 그래서 우리 시어머님도 그런 사람이 되고 싶어 하셨지만 육이오 때 의사이시던 시아버님이 북으로 끌려가셔서 돌아가시는 바람에 그 당시 태중에 있던 우리 남편은 유복자로 태어났었다.

어머님은 오 형제를 홀로 키우시느라 어렵게 사셨기 때문에 그런 꿈을 못 이루셨다. 그래서 내가 고아원에 간다고 하니 가시고 싶으셨던 것이다.

우리 시어머님은 전도관을 다니시는 분이셨다. 사실 나를 우리 남편과 연결 시켜준 친구가 원래 전도관에 다니다가 나와서 교회로 온 친구다. 어머님이 육이오 때 홀로 되시는 바람에 정신적인 지주가 박태선 장로였다고 한다. 그래서 내가 결혼하고 얼마 안 되어 내게 "네가 전도관에 다니면 다섯 며느리 중에 너를 가장 예뻐하겠다"고 하셨는데 내가 절대 전도관은 안 간다고 하니 그다음부터는 말씀을 안 하시되 우리 남편에게는 내 눈에 흙이 들어가기 전에는 절대 네가 교회 다니는 것은 안 된다고 하셨다.

내가 결혼할 때는 남편이 교회에 일 년 후 나오겠다고 약속하고 결혼을 했었는데 어머니 때문에 결혼 후 교회에 나오질 않았다.

둘째 아들이 두 살 될 무렵 정릉으로 이사를 갔다. 그곳에서 교회를 다니며 남편 생일날을 40일 앞두고 남편의 영적 생일날이 되게 해달라고 40일 계획으로 새벽기도를 다녔다.

40일 새벽기도를 다니는 동안 영적 전쟁이 굉장히 심했다.

내가 새벽기도 다녀오면 문을 꼭 잠궈 두고 안 열어 주기도 하고 또 성경책을 모두 없애 버리고 베개를 들고 다른 방에 가서 기도했다.

어느 날엔 정말 이렇게 새벽에 교회에 갈거면 이혼하자고 해서 난 속으로 이혼을 하면 교회에서 살아야겠다고 생각하고 '하나님 저 이혼하면 교회에서 살게요'라고 기도도 했었다. 그러면서 마지막에는 생전 안 그러던 남편이 내 앞에서 정 그렇게 말 안 듣겠냐면서 주먹을 들고 나를 때리려 하였다. 그러더니 나를 때리지는 못하고 장롱 문을 주먹으로 쳐서 장롱 문이

푹 들어갔다. 아마도 그 주먹으로 맞았으면 난 코뼈가 부러졌을 것이다. 그렇게 영적 전쟁을 다 치루면서 새벽기도 40일을 다 마쳤다.

하나님이 내게 새벽기도 첫날에 사무엘상 1장을 마지막 날에도 사무엘상 1장의 한나의 기도에 대한 응답의 말씀을 주셨다. 그래서 나는 그때부터 남편이 구원받았음을 확신하고 걱정 안 하기로 했다. 영적 전쟁에서 승리한 것이다.

그런 후 나의 신앙생활은 너무나 자유로워졌다.

내가 새벽기도를 가든 수요예배를 가든 금요기도회를 가든 아무 상관을 안 했고 부부 사이는 더 좋아졌다.

아들이 일곱 살이 되었을 때 며칠 동안 열이 나는 아이를 유치원에 그냥 보냈더니 어느 날 아들이 TV를 볼 때 이름을 불러도 대답을 안 해서 아들의 귀를 살펴보니 귀지가 꽉 들어차 있었다. 그래서 아이를 데리고 목욕탕에서 불려서 귀지를 파는데 한쪽은 괜찮았는데 한쪽을 파는데 아이가 자지러지게 울어서 보니 귀에서 피가 나는 것이 아닌가? 깜짝 놀라서 동네 이비인후과에 데려 갔더니 계속 오라고 하기만 하고 차도가 없었다. 어떤 선생님의 소개로 종로에 있는 이비인후과에 갔더니 그곳에서는 일주일치 약을 지어주고 차도를 보자고 하여 두세 번을 가서 청력을 재어 보고 다음에 왔을 때 진전이 없으면 고막 수술을 해야 한다고 했다. 다른 사람들의 이야기를 들어보니 고막 수술을 잘못하면 안면이 찌그러진다는 무서운 말을 하여 그때부터 더욱 금식하며 기도했다. 그 당시 이사야서 58장을 읽고 있었는데 내가 기뻐하는 금식은 흉악의 결박을 풀어주며 빈민을 입히며 골육에게서 숨지 아니하는 것이라고 하는 말씀을 읽고 그대로 행하며 일주일을 기도하고 병원에 가서 진찰을 받았다. 진찰 결과는 70% 이상 회복되어서 고막 수술을 안 해도 된다고 하셨다. 어찌나 기뻤던지 병원에서 할렐루야를 외쳤다. 그 후로 아들은 귀 때문에 어려움은 없다.

준 특수인 그 학교에서 3년이란 짧은 기간이었지만 기억에 남는 일들이 참 많이 있었다. 그 후 그 학교를 떠나 다른 학교로 발령을 받을 때 '하나님 신우회가 없는 곳으로 전근 가게 해 주세요' 라고 기도를 했다.

왜냐하면 신우회가 없는 학교에 가서 개척을 하고 싶었기 때문이다.

나는 전근 가는 학교마다 신우회를 만들었기 때문에 개척교회 목사님의 마음을 조금은 이해한다.

미안한 마음

물방울이 모이듯
한 명씩 모여드는 아이들
고요했던 교실이 화들짝 일어나
조금씩 더 큰 파도로 몰려온다

아이들의 속삭임
저희들끼리 재잘대는 소리
아이 한 명이 조심스레 다가와
내게 뭔가를 물어볼 때면
다정하지도 무뚝뚝하지도 않은 대답
거리가 있는 아이들

아이들이 환하게 웃음 지으며
격없이 다가와 얘기하면 좋으련만
아이들과의 보이지 않는 벽
그리 매끄럽지 못한 내 모습

애들아
미안하구나
나의 딱딱함과
나의 굳어버린 삶의 모습을……

아이야
이제 다시 시작하자
난 너희의 친구가 되고
너희는 나의 사랑하는 동무가 되고……

환한 웃음 즐거운 대화로
교실을 맘껏 채우렴

— 박순옥 詩「미안한 마음」전문

오월의 아이들아

[4]
기도의 기적

/

너희가 기도할 때에 무엇이든지 믿고 구하는 것은 다 받으리라
(마태복음 21장 22절)

내가 전근 간 학교에는 정말 신우회가 없었고 학교 주변엔
사찰과 있고 수녀원이 큰 것이 하나 있고 대학이 가까이 있는
곳이었다. 그 학교에 다닐 때 우리 자녀들을 데리고 다녔다. 남
편이 출근 전에 우리들을 학교에 내려놓고 갔기 때문에 너무
일찍 학교에 도착해서 우리 아이들과 함께 예배를 드리고 교실

로 보냈다.

그곳에서 믿음의 선생님들을 찾아 신우회를 만들고 반 아이들에게도 토요일에 성경공부반을 만들어 아이들10명 정도를 가르쳤다. 아이들은 수업시간보다 더욱 눈이 빛났고 토요일을 기다렸다. 아이들은 그날 함께 모여 성경공부하는 것을 무척 좋아했다. 성경도 가르치고 놀이도 겸해서 아이들과 함께 참 즐거운 시간이었고 전혀 예수님을 모르던 아이들이 교회에 나가고 하나님의 말씀을 너무나 좋아하게 되었다.

그런 반면 어느 날 한 아이가 전학간다는 연락이 왔다. 그 아이의 아빠가 전화를 해서 두 시간 동안 온갖 욕을 다하고서 전화를 끊었다. 그분은 군인이었고 불교 믿는 사람이었다. 자기네는 불교를 믿는데 하나님 말씀을 가르친다고 그렇게 거칠게 항의한 것이다. 난 다 듣고 죄송하다고 하면서 전학 가서 잘 지내길 바란다고 했다. 학부형의 거친 말과 나를 무시하는 것이 너무나 마음 상하고 힘들었지만 골방에서 한 시간 동안 기도하면서 의를 위하여 핍박을 받는 자는 복이 있나니 기뻐하고 즐거워하라 하늘의 상급이 크다는 말씀을 기억하며 감사했다.

또 다른 해엔 4학년을 맡았는데 한 아이 아버지가 스님 복장으로 교실로 찾아오셔서 자기는 절에 있지만 자기 아들은 하나

오월의 아이들아

님 말씀 가르쳐 주어서 고맙다고 하시며 자기 아들을 바르게 키워 달라고 하셨다. 절의 주지승인데도 이런 인사를 하시다니 참으로 놀랍고 감사했다. 그 아이는 내가 해주는 성경이야기를 얼마나 잘 듣고 재미있어 하는지 몰랐다.

그 당시 나는 하나님의 창조세계에 대해 참으로 실감하고 지냈다.

어느 날 우리 교실에서 건너편 대학 건물 위에 비둘기들이 떼를 지어 날아가는 것을 보았는데 갑자기 천지창조 때 하나님이 종류별로 새를 만드시고 그것들이 날아갈 때 얼마나 놀라운 모습이었을까? 하는 생각이 들었다. 또 한 번은 비가 안 와서 몹시 메말랐던 때에 소낙비가 내리는데 나뭇가지들이 바람에 마구 흔들리는 것을 보면서 나무가 하나님을 향해 두 팔을 흔들면서 찬양하는 것을 보는 것 같아 혼자서 너무나 감격스러웠다.

어려서부터 수줍음이 많아 남들 앞에서 말을 잘 못하는 내가 예수님을 믿고 성경을 읽으면서 매일 기쁨과 은혜가 넘쳤고 그동안 바닥이었던 나의 자존심과 자존감이 서서히 살아나고 자신감을 얻게 되었다.

학교에서 매년 3월 초면 연구수업할 사람을 제비뽑기로 뽑았었다.

나는 학기 초에 그냥 내가 하겠다고 자원을 했다. 내가 잘하지는 못하지만 하나님이 함께 하시니 못할 것이 없다고 생각했기 때문이다.

학교에서 퇴근 후 집으로 오면서 교회에 들러왔다. 나는 기도를 하면서 하나님 무슨 과목으로 할까요? 어떤 목표로 할까요? 어떤 질문을 할까요? 어떤 학습 자료를 쓸까요? 하면서 모든 것을 여쭤보았다. 그러면 하나님이 모든 것을 생각나게 하셔서 수업을 할 때 자신감을 가질 수 있게 되었다. 어떤 때는 좋은 평을 듣기도 하고 어떤 때는 좋지 않은 평을 듣기도 했다. 그러나 내겐 아무런 마음의 상처가 되지도 않았고 우쭐댐도 없었다. 모두가 하나님이 하신 것이기 때문이다. 그렇게 자원해서 하니 수업에 대한 두려움이 없어졌고 수년을 하고 나니 우수교사상도 받게 되었다.

어느 해엔 나의 옆반 선생님이 네비게이토에서 여러 명이 한 아파트 생활을 하는 분이셨다. 그분과의 교제를 통해 네비게이토의 책자를 나누면서 또 많은 것을 깨닫게 되고 수레바퀴의 비유를 통해 복음의 진리를 또 깨닫는 시간이었다. 수레바퀴 축은 예수님이시고 그 살들은 성경읽기, 암송하기, 묵상하기, 기도하기, 말씀을 실천하기라고 가르쳐 주어서 그것을 실천하려 많이 애썼다.

그곳에서는 4년간 근무하고 산본으로 이사 오기 전이라서 일 년을 더 연장하여 5년 동안 그 학교에서 근무를 했다. 그곳에서 근무하는 동안은 교육자선교회 선생님들이 받는 전도폭발 훈련을 받기 시작했다.

처음에는 그냥 단순하게 어떤 것인지 알아보려고 갔다가 목사님 설교 말씀이 출애굽기에서 모세에게 나타나신 하나님께서 '네 발의 신을 벗으라'라는 말씀을 하셨는데 내게 큰 충격으로 다가왔다. 나도 그동안 나도 모르게 성경에 대해 뭔가 아는 것처럼 교만과 아집을 가지고 살아왔기 때문에 그것을 벗고 이 훈련을 받아야겠다고 생각했다.

그 훈련을 받으면서 매번 너무나 기쁘고 가슴이 뛰었고 벅찬 마음이었다. 난 매일 어디서나 복음을 전하고 싶었고 기회가 닿는 대로 전도를 했다. 동네 아이들에게도 아주머니들에게도 버스를 탔을 때 옆좌석에 앉은 사람에게도 만나는 대로 전도를 했다. 그리고 우리 학교 바로 가까이 중학교와 고등학교가 있어 토요일에는 퇴근해 그곳에 들러 학생들에게 복음을 전했다. 그곳 아이들은 순진해서 어느 날에는 복음을 듣고 고등어가 꿰이듯이 줄줄이 영접한 경우도 있었다.

전도폭발을 받고 있을 때였다. 남편이 호주에 연수를 받으러 2달간 집을 비웠다.

남편은 떠나면서 생활비 두 달 치를 주고 갔다.

나는 그 당시 교회증축 헌금을 매달 10만 원씩 내고 있었는데 남편이 준돈으로 증축헌금을 완납하고 다음 달부터는 조금 여유 있게 되었다. 그런데 그때쯤 이 돈에 조금만 더 보태면 '남편 십일조를 할 수 있을 텐데' 하는 생각이 들었다. 그렇지만 좀 망설이고 있었다.

하루는 훈련이 있는 날이지만 선교회 사정상 하지 않는 날이라서 집에 일찍 오게 되었다. 친한 집사님이 나를 부르더니 아이들은 내가 데리고 있으니 걱정하지 말고 집에 도둑이 든 것 같다고 하면서 놀라지 말라며 나를 우리집으로 데리고 들어갔다. 들어가 보니 안방의 장롱 서랍을 다 뒤집어엎어 놓았고 아무것도 없으니 그냥 내버려두고 가버렸다 .안방과 연결된 뒷베란다의 문을 뜯고 들어온 것이었다.

오월의 아이들아

나는 그런데도 두려움이 없었다. 도리어 '하나님 알았어요, 남편 십일조를 할게요'하며 태연하게 경칩을 사서 문에 붙이고 편히 잠도 자고 남편이 오는 날까지 잘 지냈다. 만일 내가 남편이 준 돈을 방에 두었더라면 도둑맞았을 것이다. 얼마나 감사한 일인지……

그런데 두 달간 내 십일조와 남편 십일조를 하고 나니 생활비가 15만 원밖에 남지 않아서 도저히 남편 십일조를 못하겠다고 하나님께 말씀 드렸다. 그런데 그달에 남편으로부터 산본의 아파트가 당첨되었다는 이야기를 들었다. 하나님은 우리의 십일조를 받으시고 만 배로 갚아 주신 것이었다.

나는 그 학교에서 3년 동안 여름방학을 이용하여 북부지역의 선생님들이 함께 여는 디모데 학교를 따라다니며 교사로 봉사를 했다. 그러다 3년 후 우리 학교에서도 디모데 학교를 하면 좋겠다는 생각이 들었다. 그래서 교육자선교회의 대표이신 분에게 우리 학교에서도 디모데 학교를 좀 할 수 있었으면 좋겠다고 말씀 드렸더니 "선생님이 혼자 하고 싶다고 되는 것이 아니고 성령 충만한 선생님들이 기도하고 여러 사람이 함께 해야 해요"라고 말씀하셨다.

그 말에 난 너무 실망도 되고 영적인 의분이 생겼다. 왜 우리 학교 아이들에게는 이 혜택을 줄 수 없단 말인가 하는 생각이 들어서다.

나는 사람에게 요청할 것이 아니라 하나님께 기도를 해야겠다고 생각했다. 그래서 우리 학교의 작은 강당에서 무릎을 꿇고 이렇게 기도했다.

"하나님! 사람들은 저를 인정하지 아니할지라도 하나님이 저를 인정하시면 할 수 있습니다. 150명의 아이들과 20명의 선생님들과 100만 원의 헌금을 주세요" 라고 기도했다.

그런데 그해 우리 학교의 교무실을 뜯어 공사를 하는 바람에 모든 교무실의 물건들이 강당으로 옮겨서 강당에서 할 수가 없었다. 그럴 뿐 아니라 공립학교에서 종교적인 행사를 하는 것은 어려운 일이었다. 그래서 우리 교회 목사님께 가서 요청 드렸더니 목사님이 흔쾌히 허락해 주시면서 얼마든지 하라고 하시고 식당 봉사할 사람도 다 구해주시겠다고 하시고 교회 차도 쓰라고 하셨다. 너무나 감사하고 힘이 불끈 솟았다.

원래 디모데 학교는 여름에 하지만 여름에는 교회마다 성경학교를 하니 아무도 하지 않는 겨울에 디모데 학교를 하자고 생각했다. 아이들이 한해를 시작하기 전에 하나님의 말씀을 배우고 즐거운 학교생활을 할 수 있길 바라면서 일월 첫 주 3일 간의 날짜를 잡았다.

나는 전도폭발 훈련에서 훈련생 두 분에게 요청을 해 한 분은 팸플릿을 500장 찍어 주시고 한 분은 조카가 순복음교회 주일학교 선생님이라 그곳에서 교사들을 다 데리고 와 주겠다고 했다. 우리 학교 신우회 선생님들은 한 분도 도와주지 않았지만 헌금으로 참여해주시고 교회 목사님과 집사님도 헌금을 해주셨다.

팸플릿을 어떻게 나누어 줄까 기도하다가 각 학년 부장들께 팸플릿을 보내서 아이들에게 말할 기회를 좀 달라고 부탁을 하고 우리 신우회 선생님들과 내가 아는 선생님들에게 협조를 요청해야겠다고 생각하고 다음날 팸플릿을 각 학년 부장 선생님 반으로 보냈다. 그랬더니 너무나 뜻밖의 반응이 왔다. 욕을 하는 선생님도 있고 공립학교에서 뭘 하는 거냐고 화를 내는 선생님도 있었다.

나는 할 수 없이 신우회 선생님들 반과 친분 있는 선생님 반으로 직접 찾아가서 5분만 시간을 달라고 해서 아이들에게 디모데 학교를 소개했다. 20개 반을 다니면서 팸플릿을 뿌렸다. 아이들이 궁금해하고 재미있을 것 같은지 많은 아이들이 받아

갔다.

모두 나누어준 후 교무실에서 자주 교회분들과 통화를 하시던 교무부장님께 협조를 해주시리라 생각하고 디모데 학교에 대해 말씀드렸더니 깜짝 놀라면서 아이들에게 나누어준 팸플릿을 모두 회수하라고 소리를 질렀다. 그리고 나서 방송으로 담임 선생님들이 회수하도록 시켰다. 그러나 그때는 이미 아이들이 모두 하교를 한 후였고 몇몇 아이들만 남은 상태여서 아이들은 못 들었다.

팸플릿을 받은 아이들이 등록을 했고 그 후 겨울방학 중간에 아이들이 잊어버리지 않도록 중간 모임을 가졌다. 그랬더니 교회로 120명 정도의 아이들이 왔다. 아이들에게 단단히 날짜와 시간을 알려주고 그때는 다른 사람도 데리고 오라고 했다.

나는 1월 첫 주 3일간의 디모데 학교를 시작했다. 나중에 안 이야기지만 디모데 학교에 참여하시는 순복음교회 주일학교 선생님들이 모두 돌아가면서 한 달간 릴레이 금식기도를 해주셨다는 것이다. 너무나 감격스러웠다.

디모데 학교를 처음 하는 것이라 누구를 강사로 세워야 하나 고민 중에 아는 선생님이 파이디온에서 강사를 초빙하면 된다고 하여 그렇게 하기로 했다.

오월의 아이들아

파이디온 선교회 목사님은 첫째 날 시청각자료를 사용하여 재미있게 아이들에게 복음을 전하셨다. 아이들의 생활 태도를 동물에 비유하여 설명하셨는데 아이들이 쏙 빠져들었다.

둘째 날 아침에 일어나보니 눈이 오고 있었다. 큰일 났다고 생각하면서 교회에 와보니 나보다 먼저 순복음교회 주일학교 선생님들이 오셔서 눈을 쓸고 계셨다. 얼마나 감격스러웠는지 모른다.

나는 그날 아침 아이들이 버스 한 대에 가득히 타고 오는 것을 보고 하나님이 돕고 계시는구나 하고 느꼈다. 아이들이 계속 몰려왔다. 셋째 날까지 아이들이 150명이 왔다. 그리고 헌금도 100만 원이 채워졌고 교사는 순복음교회 선생님들로 채워진 것이다. 너무나 기적적인 일이 이루어진 것이다. 그뿐 아니라 우리 교회 집사님 한 분이 자기가 못 도와주었으니 자기 집에서 식사 대접을 하겠다고 하여 그 집에 가서 식사를 하면서 총평을 했다. 이렇게 하여 첫 번째 디모데 학교를 하나님의 은혜 중에 너무나 멋지게 마친 것이다. 이렇게 기도의 기적을 맛보고 나니 두려울 것이 없었다.

난 이런 사람이 되고 싶다

아직 시린 봄 양지녘에
파릇하게 돋아난 이름 모를 풀이고 싶다

비탈진 산길 내리막에
비틀걸음 떨어지는 사람 손에 걸리는 나뭇가지이고 싶다

벼랑 끝 뭇 바람에
자라지 못하여 모질게 구불구불 자란 소나무이고 싶다

길고 긴 여행 끝에
나그네 앉을 그루터기 되고 싶다

엄마 품에 안겨
젖 물고 가늘게 웃는 아기의 미소이고 싶다

세상이 막막하여 한숨짓는 사람
쳐다보는 하늘 새털구름 되고 싶다

오월의 아이들아

외로운 노숙자 고단한 삶
겨울 막 지난 밝고 따스한 햇살이고 싶다

밤새 하얀 눈 내린 날
동트기 전 동네 뛰어다니는 개구쟁이 마음이고 싶다

뜨거운 무쇠 녹여 낫 만들고
세상 작은 가치에도 진정한 행복 찾는 웃음이고 싶다

넘어져도 툭툭 털고 일어나서
약한 사람 꿈 주는 소망이고 싶다

난 이 모든 것이 되고 싶다

― 박순옥 詩「난 이런 사람이 되고 싶다」전문

[5]
제자양육

하나님의 말씀이 점점 왕성하여 예루살렘에 있는 제자의 수가
더 심히 많아지고 허다한 제사장의 무리도 이도에 복종하니라

(사도행전 6장 7절)

그 다음해엔 산본으로 이사를 해서 다른 학교로 전근을 갔
다.

처음부터 너무 드러나게 하기보다 한해는 조용히 지나갈까
하고 생각하고 있을 때 부천 쪽 어느 교회에서 경기도 믿음의

교사들이 아이들을 제자양육시키는 프로그램을 하고 있다는 소식을 듣게 되었다. 그곳을 찾아가서 아이들을 어떻게 제자양육을 시키는지를 배웠다.

즉시 그것을 적용하여 4월에 우리 반 아이들에게 제자양육을 받고 싶은 사람들은 신청을 하라고 해서 20명의 아이들이 제자양육반에 모였다. 매주 한 번씩 성경공부를 하고 매일 성경암송하는 것과 성경일기 쓰는 것을 숙제를 냈더니 점점 더 아이들이 떨어져 나가 단 3명만 남아서 제자양육을 받았다.

나의 제자로 훈련받은 아이들 세 명에게 각자의 제자를 만들어 너희들이 가르치라고 맡겼더니 아이들이 제자들을 뽑아서 교육을 시켰고 자기네들끼리 즐거워하기도 하고 때로는 다투기도 하였으나 너무나 재미있게 잘했다. 1대가 2대를 가르치고 2대가 3대를 가르쳐 일 년을 지나니 우리 반 아이들 대부분이 제자가 되었다. 너무나 감사했다.

그해 그 아이들을 데리고 1박 2일 수련회를 가기로 했다.

우리 반에 목사님 자녀가 있어 그 아이의 아버지 목사님께 말씀드려 봉고차를 한 대 빌리고 우리 교회 청년부에 열심히 봉사하고 있는 한 사람이 친구가 교회버스를 운영하는데 좀 빌려서 같이 가겠다고 하여 목사님을 모시고 그 청년들과 함께 경기도 의정부 쪽에 있는 기도원으로 아이들을 데리고 갔다. 아이들을 데리고 가니 너무나 긴장이 되고 모든 것이 염려가 되어 잠을 이루지 못하였다. 아이들에게 재미있는 프로그램을 진행하고 청년들과 함께 천로역정도 진행했다. 아이들이 진지하게 프로그램에 임했고 은혜를 받았다.

하룻밤을 기도원에서 잘 지내고 아침식사를 하고 집으로 돌아왔다.

나는 아이들을 모두 집으로 잘 돌려보낸 후 지친 몸으로 집에 와서 그야말로 녹초가 되었다. 다시는 이런 일을 못할 것 같았다.

그러나 다음해가 되니 또다시 디모데 학교를 해야겠다는 생각이 나서 학교 바로 앞의 지하교회에 아이들을 모집하여 50명의 아이들을 데리고 디모데 학교를 했다. 그때 교육자선교회 선생님 한 분이 오셔서 아이들을 가르쳐 주시고 도와주셨다.

그 다음해엔 3학년을 맡았는데 우리 학교 신우회 선생님이시면서 권사님으로 교회에서 꽃꽂이를 하시면서 목사님과 친하신 분이 계셔서 그 교회에서 디모데 학교를 할 수 있게 부탁을 드렸더니 목사님께 가서 부탁을 드려보라고 했다. 목사님을 뵈러 두 번 갔으나 얼굴을 뵙지 못해 편지를 남겼더니 작은 교육관인 교실만한 곳에서 하라고 허락하셨다. 허락이라기보다 어쩔 수 없이 인심 쓰듯 해준 것이다. 참으로 마음이 답답했다.

우리 반 아이들 30명을 데리고 그곳에 갔지만 교회에서 아무도 나와서 도와주지 않았고 관심도 가져주지 않았다. 다행히 우리 학부형 한 사람이 김밥을 싸오셔서 나누어 먹었다. 다른 프로그램은 거기에서 할 수가 없어서 내가 아는 사당동의 어느 교회 사모님께 말씀드려서 그곳에 가서 했다. 그 교회에서 천로역정을 하면서 아이들이 참 많은 감동을 받았다. 자신이 죄인이라는 사실과 예수님이 자기를 위해 십자가에 못 박혀 돌아가신 것을 깨닫고 아이들이 눈물을 흘렸다. 그리고 뒷산에 올라가 재미있는 프로그램도 했다. 차량도 그 교회에서 제공해주셔서 다녀올 수 있었다. 전혀 물질의 후원이 없으니 나의 물질이 다 들어갔고 이렇게 하면서 해야 하나 하는 회의가 들었다.

그 다음해엔 1학년을 맡게 되었다.

1학년이라 아이들을 데리고 성경공부도 못하고 기도만 하면서 신우회만 모이고 있었는데 그해 믿음 좋으신 한 선생님이 우리 학교로 전근을 오셨다. 신우회 때 디모데 학교에 대해 애기했더니 너무 좋아하시면서 자신이 다니는 교회가 크니 많은 아이들을 모아서 하자고 했고 적극적으로 도와주겠다고 하셨다. 난 정말 신이 나서 퇴근 후 그분의 교회에 매일 가서 나를 '예수님이 예루살렘에 들어가실 때 타셨던 나귀처럼 사용해 달라'고 기도했다. 나귀 자체는 아무런 힘이 없으나 그 나귀에 예수님이 타시고 예루살렘에 올라가심으로 나귀도 예수님과 함께 귀한 자리에 있을 수 있었기 때문이다. 그때 그분이 아시는 이웃학교 선생님도 만나 그 학교 아이들도 함께 하기로 했다.

우리 교회 청년들이 여러 명 와서 아이들의 교사가 되어 주었다.

그리고 아이들을 모집했는데 그 선생님이 적극적으로 모집을 해주셔서 200명의 아이들을 데리고 디모데 학교를 할 수 있었다. 교육자선교회 선생님 한 분을 청해서 말씀을 전해 달라고 했다. 그 교회 주일학교 담당 전도사님이 총괄을 하셨는데 주제가 출애굽 여정과 여리고 정복이었고 그 과정들을 코너 학습으로 했다. 출애굽 여정에서는 쓴 나물을 먹고 딱딱한 빵도 먹어보고 문설주와 인방에 피를 바르는 것을 붉은 물감으로 실감나게 했고 물을 흘려보내며 요단강을 밟는 것도 경험하게 했다. 난 파피루스 종이를 구해서 아이들에게 보여주기도 했다. 아이들이 너무나 신나서 프로그램에 참여하고 마지막 과정으로 큰 상자를 펴 벽처럼 만들고 아이들에게 그 벽을 발로 밟아서 여리고성을 무너뜨리는 재현을 하게 했더니 아이들이 신이 나서 소리 지르며 벽을 부수었다. 그런 후 둥그렇게 앉아서 촛불을 들고 자기의 죄를 고백하고 죄를 버리고 기도하는 시간을 가졌다. 아이들이 엄마 아빠에게 잘못했던 것들을 생각하고 눈물을 흘렸다.

그날 우리 시댁 조카들도 와서 도와주었는데 지금 목사님이 되어 있는 막내 조카는 재미있는 레크레이션을 해서 아이들이 즐겁게 참여했다. 큰조카는 교회에서 반주자로서 그날도 와서 반주를 해주었다. 그동안 했던 디모데 학교 중 기억에 많이 남는 것 중의 하나이다.

더 늦기 전에

만사에 때가 있고
모든 일에 시기가 있다

어릴 때 알아야 할 것
청소년 시절에 반드시 겪어야 할 일
엄마 아빠가 아이들과 함께 해야 할 시간
부모님 세상 떠나기 전에 해드려야 할 일

하나님 나라에 갈 길에서도
때를 놓치면 나중에 후회해도 소용없다

지금 사랑하고
지금 기도하고
지금 전도하고
지금 예배해야 한다

지옥에 가면
껄껄껄 하는 사람이 많단다

그때 사랑할 걸
그때 용서할 걸
그때 좀 더 베풀 걸

그때 예수님을 잘 믿을 걸

지금 나는 후회 없는 삶을 사는가?
지금 내가 놓치고 사는 것이 무엇인가?

더 늦기 전에
사랑하고 용서하고 베풀면서 살자

더 늦기 전에
예수님을 더 잘 믿자

— 박순옥 詩「더 늦기 전에」전문

오월의 아이들아

6
복음으로 인한 고난

/

그러므로 너는 내가 우리 주를 증언함과 또는 주를 위하여 갇힌
자된 나를 부끄러워하지 말고 오직 하나님의 능력을 따라 복음과
함께 고난을 받으라

(디모데후서 1장 8절)

다음해에 다른 학교로 전근을 갔다.

동작교육청 학교는 우리집에서 좀 멀어서 남부로 신청을 했
더니 남부교육청으로 발령이 났다. 그 학교는 고기시장이 가까

운 곳이고 아이들이 매우 거친 아이들이 다니는 곳이었다.

그곳에 발령받았을 때, 난 처음에 6학년을 맡아서 그 아이들을 제자양육을 하여 제자로 삼고 그 다음해의 아이들을 그 아이들이 제자 삼아 많은 아이들이 제자들이 되길 바라며 6학년을 맡아 제자양육을 시켰다. 처음에는 많은 아이들이 지원을 했다가 점점 줄어서 일곱 명의 아이들이 매일 성경일기를 쓰고 내 책상에 놔두고 점심시간에는 성경을 암송했다. 그런데 그것을 보는 다른 아이들의 시선에는 내가 그 아이들만을 편애하는 것으로 보였나보다.

어느 날 오후 교실로 전화가 왔다. '사랑의 전화'라고 하며 내 이름을 물어보고 자기네 쪽으로 제보가 들어 왔는데 담임선생님이 편애를 한다고 하는 제보가 들어 왔단다. 너무 기가 막혔다. 내가 편애를 한 것이 아니라 오히려 몇 여자아이들이 자기네들끼리 편을 갈라 쑥덕거리는 것을 본 일은 있어도 난 전혀 아이들을 편애하지 않았고 오히려 제자인 아이들에게 더 혼을 내기도 했는데 말이다. 그 후에도 교감 선생님이 아이들이 교육구청에 고발을 했다고 하면서 우리 반에 올라와 나를 내보내고 설문지를 돌려 내가 어떤 일을 했는지 조사하고 내가 하는 일을 아이들이 좋아하느냐고 쓰라고 해서 그것을 걷어가

오월의 아이들아

고 나를 교장실에 불러 낱낱이 나를 재판하듯 하셨다. 11가지 죄목이 있는데 수업 전에 기도하고 시작하는 것, 아이들에게 월요일이면 교회에 다녀왔는지 물어보는 것, 교회에 다녀온 사람들에게 사탕 주는 것, 조별로 다 다녀온 조는 떡볶이 사준 것, 제자양육하는 것, 등등……

교감 선생님이 아이들에게 설문지를 나누어 주고 답문을 걷어 내게 보여주지도 않고 내가 하는 믿음의 교육을 좋아하는 아이는 한 명이었고 다른 모든 아이들은 다 싫다고 했다면서 그런 일을 하는 것이 절대 좋지 않다고 나를 윽박지르고 아주 무시했다.

시말서도 쓰고 교장 교감으로부터 많은 질책도 받았다.

그런 일이 있었지만 난 그래도 하나님이 나를 지키시고 계시다고 믿고 하나님께 기도하면서 믿음으로 이겨냈다.

그 학교에 나와 나이가 비슷한 한 남자 선생님이 큰 스승 상을 받았다. 그분은 아이들과 함께 화장실 청소를 하고 아이들을 데리고 기차여행을 하면서 밤에 별을 보러 갔으며 아이들과의 좋은 추억과 선행을 하여 그것으로 인정을 받아 큰 상을 받은 것이다. 그것을 보면서 나도 아이들과 좋은 프로그램을 하나 해보자 생각했다. 아이들이 신나게 놀고 함께 어울리고 학부형들도 아이들과 함께 어울릴 수 있는 시간을 갖자 라고 생각하게 되었다.

프로그램 제목을 '사랑의 학교'라고 이름 붙여서 6월에 '사랑의 학교'를 시도했다.

사랑의 학교는 토요일을 하루 잡아서 아이들이 집에 갔다가 다시 학교로 와 실컷 놀고, 교실로 들어와서 내가 말씀을 좀 전하고 아이들에게 회개를 시켰다. 그리고 저녁에는 부모님들과 저녁밥을 함께 먹고 이야기를 나누고 밤중에 부모님이 아이들을 집으로 데려가는 프로그램으로 진행을 했다. 6월달 하루 토요일 아이들을 집으로 일단 보냈다가 물총과 갈아입을 옷을 가지고 오고 저녁에 먹을거리를 가지고 오도록 했다. 아이들이 운동장에서 1시간 동안 피구를 실컷하고 더울 때 1시간 동안 물총놀이를 하였다. 젖은 옷을 교실에서 갈아입고 저녁 무렵 먹을 것을 먹고 아이들에게 회개를 시키고 기도했다. 그런데 그중에 우리 학교 선생님의 자녀인 우리 반에서 가장 똑똑한 여자아이가 계속 울어서 회개해서 우는 줄 알고 마음으로는 기뻤었는데 알고 보니 그 아이는 불교 믿는 아이였고 내가 이렇게 하는 것이 싫었던 것이다.

오월의 아이들아

그일 후 어느 날 그 엄마가 나를 찾아와 아이에게 그런 말을 안했으면 하는 이야기를 했다.

나는 그해 참으로 많은 어려움을 겪고서 6학년을 마무리했다.

그 다음해엔 2학년을 맡게 되었는데 교감 선생님이 나를 불러서 절대 아이들에게 종교적 얘기를 하지 말라고 신신당부를 하셨다. 나는 그러겠다고 다짐을 하고 2학년 아이들에게 학기 초에 아무런 얘기를 못했다. 그리고 3월을 지나는데 그달에 아이들 아침자습으로 짝끼리 받아쓰기를 하라고 했더니 키가 제일 커서 혼자 앉은 남자아이가 있었다. 그런데 그 아이에게 세 명이 돌아가면서 문제를 내라고 했더니 아마도 앞에 아이가 안 해주어서 그런지 그 아이가 나에게 항의를 해 다시 일러 주었는데도 그 아이가 들어가면서 내게 욕을 했나보다. 나는 못 들었는데 아이들이 내게 일러주어서 그 아이를 나오라고 해 엎드려뻗쳐를 한 5분간 시켰다. 그런데 그 아이가 하루 종일 울고 있더니 그 다음날 내가 출근을 하니 학교가 발칵 뒤집혔다. 교장실에는 그 아이의 아빠가 왔다는데 중앙일보 기자란다. 이런 것을 기사화해서 교사와 학교가 신문에 실릴 것이라고 위협했다. 그래서 교감 선생님이 내게 그 학부형을 만나 잘 해결하라고 하셨다. 그 후 나는 그 아이의 엄마를 학교에 좀 오시라고 하고 교실에 책상을 붙여 그 위에 테이블보를 깔았다. 그리고 꽃도 조금 놓아두고 음료수도 준비해 두고 기도하면서 기다렸다. 얼마 후 엄마가 왔을 때 자기 아이가 다리에 좀 이상이 있어 엎드려뻗쳐는 시키면 안 되는 아이라고 했다. 그래서 "어머니께서 제게 학기 초에 말씀해 주셨으면 좋으셨을 텐데요 앞으로 주의하겠습니다" 하고 화해가 되어 보내드렸다. 나는 그 일을 겪으면서 안 되겠다 내가 하나님의 말씀을 전하지도 않고 아이들을 대하니 이런 일이 있구나 하는 생각이 들어 그때부터는 공부시간 전에 기도 하고 공부 시간 5분 전 성경을 이야기 해주고 시작을 했다. 그 후로는 아무런 잡음 없이 한해를 잘 보냈고 그해 디모데 학교에도 많은 아이들이 왔다. 그 아이도 그 다음해 다른 선생님을 만나서 디모데 학교에 즐겁게 참여했다.

그 학교에서 어떤 신우회 선생님 반 아이가 전학을 갔는데 그 아이의 엄마가 우리 학교에 있을 때 학급에서 아이가 심적으로 어려움을 당해 병들었다면서 정신적 치료비를 달라고 신경치료비를 굉장히 많이 요구하였다. 그 일로 인해 그 선생님은 마음의 충격이 너무 커 공황 상태를 겪어야 했다. 그 선생님

오월의 아이들아

이 너무나 안쓰러워 그대로 두고만 볼 수 없었다. 그래서 그 선생님과 함께 밤에 학부형 집으로 찾아가 어떤 일이 있었는지 자세히 묻고 잘 설득하여 가장 적은 비용으로 합의를 보았고 그 금액의 일부를 신우회 선생님들의 모금으로 도와드렸다.

그 후 우리 학교에서 공사를 하고 완공이 되었을 때 교장 교감 선생님들이 교사들을 불러서 돼지머리를 놓고 고사를 드린다고 했다. 너무나 기가 막혔다. 이런 일을 학교에서 버젓이 하다니…… 너무나 화가 나고 어찌할 바를 모르다가 신우회 선생님들을 우리 교실에 오시도록 해서 함께 모여 이런 미신을 무너지게 해달라고 강하게 기도했다.

그 일이 있은 후 다음해부터 나에게 담임을 안 주고 교담이 주어져 나는 과학교과 담당과 음악교과 담당을 했다. 그때 신우회 선생님들과 매일 과학실에서 아침 수업 전에 모여 큐티를 하고 반으로 올라가셨다. 큐티 나눔의 시간은 짧았지만 선생님들에게 큰 힘이 되었다.

그때 학교로부터의 여러 가지 압박이 들어와 힘이 들어 학교를 그만두어야겠다고 하니 신우회 선생님들이 선생님이 그러시면 우리는 어떻게 하느냐고 힘을 내시라고 응원을 해주셔서 그 힘으로 또 일어났다.

과학 시간에도 아이들을 살펴보아 떠드는 아이나 산만한 아이들에게 쉬는 시간 불러서 복음을 전했다. 또 어떤 남자아이가 지나치게 장난을 쳐 남으라고 하고 그 아이에게 복음을 전했는데 뜻밖에 자기 엄마가 무당이라고 했다. 그 학교 주변엔 무당집이 많았다. 무당집이 다닥다닥 붙은 곳에 한 교회가 꿋꿋이 서있어 너무나 훌륭한 목사님이란 생각을 했었다. 그 당시 무당들에게 가서 복음을 전한다는 목사님의 이야기를 듣기도 했기 때문에 나는 하나님께 기도하면서 '저에게 두려움을 없애주시고 무당에게도 전도할 수 있게 해달라'고 기도를 했다. 그 아이에게 엄마를 한번 만나 뵈러 가겠다고 아이에게 전해 달라고 했다. 그 아이가 엄마에게 말을 했고 그분이 허락해 주셨다. 어느 날 나는 그 아이의 집을 방문하게 되었다. 그런데 나는 사실 너무 겁이 나고 그 집에 간다는 것이 꼭 사탄에게 어떤 해를 당할 것 같아 두려운 마음이 들었지만 하나님을 의지하고 그 아이의 집으로 갔다.

집 앞에 도착하자 다행히 대문이 열려 있었고 엄마는 나를 맞아주셨다. 방안을 들여다보니 작달막한 할아버지 형상의 우상이 앉아 있었고 주렁주렁 뭔가를 매달아 놓았다. 그 엄마는 나를 그래도 반갑게 맞아 주었다. 자기는 목사님들도 오시면

오월의 아이들아

대접해 보낸다고 했다. 그러면서 자기도 세례를 받았는데 어느 날 몸이 너무 아파 어떤 것으로도 치료가 안 되었고 할아버지 신이 자기에게 들어와 자기가 무당이 안 되면 죽이겠다고 하며 겁을 주었고 그러면서 몸이 계속 아파서 어쩔 수 없이 무당이 되었다고 했다. 그런 말을 듣고 나니 그 엄마가 측은해 보였다. 나는 복음을 전하기 시작했고 예수님에 대해 전하려 하는데 그 사람은 말을 못하게 막았다. 그래서 결국 예수님을 전하지 못 하고 왔다.

　나의 무기력함을 느끼는 시간이었다.

　내가 2년간 교과전담을 하면서도 신우회를 인도하고 디모데 학교를 했다. 4년째 되던 해엔 3학년을 맡았는데 아이들에게 성경공부를 가르치며 부장을 하시던 선생님이 승진을 하게 되어 내가 대신 부장이 되었다. 그해 여자 부장들이 모두 신우회에 나오거나 관심이 있는 분이어서 부장단과 교장 교감이 2박 3일 여행을 갔을 때 여자 부장 6명이 한 방을 쓰면서 큐티 책으로 큐티를 같이 하고 기도를 했다. 그런데 참 신기한 일이 일어났다. 여행하는 동안 우리가 차를 타면 비가 억수같이 내리고 우리가 차에서 내리면 햇빛이 반짝 났다. 너무나 놀라운 경험이었다. 믿지 않는 남자 부장이 정말 신기하다고 하면서 우리더러 기도를 많이 해서 여행을 잘할 수 있는 날씨가 된 것 같다고 하셨다.

그해 겨울 디모데 학교에서 '세계를 품는 어린이'라는 주제를 가지고 했다. 그해 참 많은 아이들이 참석했다. 아이들 200명이 참석한 것이다. 특히 신우회 선생님 중에 종이접기를 잘하는 분이 디모데 학교의 주제를 예쁘게 만들어 주셔서 전면에 붙일 수 있었고 신우회 선생님들뿐 아니라 우리 교회 청년들이 많이 와서 도와주어서 여러 코너학습을 하면서 아이들이 참으로 재미있고 즐거운 시간을 가졌다.
나의 제자였던 지금은 선교사님이 되신 분이 오셔서 귀신들려 힘이 센 거라사인 역할을 할 때 군복을 입고 헐크처럼 군복을 찢는 퍼포먼스를 하여 아이들이 눈이 휘둥그레지면서 너무나 재미있게 연극을 보았다. 또 다른 연극으로 열두 해 동안 혈루증을 앓는 여인이 예수님의 옷자락을 만져 낫게 하신 일에 대해 연극을 했었는데 나는 백 부장의 딸 역할을 했었다. 잘했는지는 모르겠으나 자기네 선생님이 등장하니 아이들이 좋아했다. 선교사님이 선교사가 되고 싶은 사람은 앞으로 나와 보

오월의 아이들아

라고 하니 50명의 아이들이 나와서 선교사님과 사역자가 되겠다고 서원을 했다. 너무나 감격적인 순간이었다.

깎인 잔디

무심코 길을 걷는데
코끝이 시큰하도록
풀 향기가 짙었다

자세히 들여다보니
개구쟁이 상고머리 같은
풀들이 가지런히 있었다

오늘 낮에 시청 직원이
전기 낫으로 산뜻하게
깎아 낸 모양이다

짙은 풀내음은

잘려진 풀의 아픔 속에
향기를 발하고 있다

후텁지근한 장마 모처럼 개인 날
풋풋한 풀내음은 깎인 잔디 위에
각고의 웃음으로 말없이 말하고 있다

너도 이렇게 희생하면
온 세상이 향기롭다고
너도 한번 이 세상에 향기를 뿜어내라고……

— 박순옥 詩 「깎인 잔디」 전문

　다음해는 그 학교에서 마지막 해라서 특별히 우리 교회로 데리고 와 1박 2일 수련회를 하고 싶었다. 그런 일을 하기 위해서는 여러 가지 어려움이 있었다. 우선 아이들을 1박 2일을 하려면 팸플릿에 등록금도 써야 하고, 차를 대절해야 하고, 밥도 먹여야 하고, 잠도 재워야 하고 또한 아이들의 안전 문제와 교회의 허락을 받아야 하고, 식당봉사를 해주실 분이 필요하고,

　　　　　　　　　　　　　　　오월의 아이들아

아이들을 교회까지 데려오려면 차를 세울 장소도 필요했다. 이 모든 것을 혼자 해결하자니 무척 고민하면서 기도를 많이 했다. 나는 학교에서 퇴근할 때면 교회에 들러 기도를 계속했다. 기도를 하면 하나님이 용기를 주셨다. 그리고 어떻게 해야 할지를 생각나게 하셨다. 난 우선 팸플릿을 찍어 내되 거기에 참가비로 8000원을 썼고 2월 22~23일 봄방학 기간에 하기로 생각을 했다. 팸플릿은 내가 반마다 찾아다니며 아이들에게 초청을 하고 우리 반에 참가증과 참가비를 받기로 했다. 신우회 선생님 중에 젊은 사모님이 있었는데 그분은 자기 반 아이들에게는 자기가 나누어 주겠다고 하여 그 반 것은 팸플릿을 드렸다. 그해 신우회 선생님들 열 분이나 함께해 주시기로 했다.

교회 식당봉사를 위해 권사회 대장 권사님께 부탁을 드렸더니 처음에는 해줄 듯하더니 내가 300명가량의 아이들을 데려온다고 하니 식당에 식판이 300개가 안 된다고 못해 주겠다고 하셔서 난감했다. 그렇다고 이미 참가하려고 참가증을 낸 아이들도 있는데 그만둘 수는 없는 일이었다. 또 다른 분께 부탁드렸더니 내가 자기에게 부탁하는 것을 더 기분 나빠하시며 못해주겠다고 했다.

그 무렵 학교에서 단체로 '캐스트 어웨이'라는 영화를 보러 갔었다. 영화 속 주인공이 무인도에 떨어져 혼자 살다가 그 섬을 탈출하는데 첫 번째 실패하고 두 번째도 실패했는데 세 번째 큰 파도에 기절을 했지만 커다란 배에서 그를 발견하여 구출된 일을 영화로 다룬 이야기였다.

나는 참으로 그 영화를 감동 깊게 보았고 그것을 이번 일에 적용하면서 아 이제 하나의 파도가 지나갔구나, 이제 두 번째 파도가 지나갔구나, 이제 세 번째 큰 파도에서 나는 구출될 거야 하는 확신을 갖게 했다. 그래서 세 번째는 우리 교회 수석장로님의 사모님이신 권사님 댁으로 찾아갔다. 그분께 말씀드렸더니 걱정하지 말라고, 자기가 다 알아서 다른 집사님들과 식당 봉사해 줄 테니 아이들을 데리고 오라고 하셨다. 얼마나 감사했던지……

아이들이 120명이 등록을 했고 강사로 초대한 전도사님이 자기네 교회 아이들을 30명 데리고 오셔서 150명의 아이들이 오게 되었다. 학원차를 운행하시는 성도분이신데 바쁘지 않은 시간이면 해줄 수 있다고 하여 차 3대를 대여해주기로 했다.

차를 대는 곳을 고민하다가 우리 학교에서 조금 떨어진 곳에 공군부대가 있어서 그곳 앞이 좀 넓으니 그곳에 가서 좀 사정을 얘기해서 잠시라도 댈 수 있게 요청을 했다.

오월의 아이들아

그렇게 해서 아이들 150명을 데리고 우리 교회로 와서 1박 2일을 하게 되었다. 처음으로 예배를 드리고 점심을 먹고 게임도 하고 오후 프로그램으로 천로역정과 아이들의 발을 씻어주는 과정도 넣었다. 한참 프로그램을 진행하고 있는데 선생님 사모님의 휴대폰으로 학교에서 교감 선생님으로부터 전화가 왔다. 교감 선생님의 전화를 받았더니 지금 뭐하고 있느냐고 하면서 아이들을 몇 명 데리고 갔느냐고 해서 150명이라고 하니 깜짝 놀라면서 당장 데리고 올라오라고 하셨다. 나는 "교감 선생님 지금 프로그램을 진행하고 있으니 내일 올라가겠습니다"고 죄송하다고 하면서 전화를 끊으려 하니 당신이 교장이야라며 화를 내며 금방이라도 달려올 기세여서 "교감 선생님 죄송합니다" 하고 전화를 끊었다. 그러고 나서 선생님들과 의논하고 기도를 하면서 거의 뜬눈으로 밤을 세웠다. 몇몇 남자 아이들은 잠도 안 자고 밖으로 나와 돌아다니려고 해서 그 아이들을 잡아오는 것도 문제였다.

그 다음날 가까운 산 약수터까지 아이들을 운동시키고 아침을 먹여 서둘러 아이들을 데리고 학교 쪽으로 와서 아이 둘을 해산시켰다. 그런 후에 신우회 선생님들 중에 교감 선생님이 명단을 모르시는 분들은 댁으로 가시게 하고 그리고 교감 선생님이 아시는 신우회 선생님들만 다섯 분을 모시고 학교로 갔다. 교장, 교감 선생님들이 너무나 화가 나셔서 나를 무섭게 쏘아보시고 인사를 안 받아 주셨다. 그리고 우리에게 교장실로 들어오라고 하시더니 나에게는 시말서를 쓰게 하고 다른 선생님은 전말서를 쓰라고 하셨다. 시말서를 써서 교감 선생님께 드렸더니 그렇게 쓰면 안 된다고 퇴짜를 여러 번 놨다. 나중에는 교감이 직접 내용을 써 이렇게 쓰라고 다그치며 재촉했다. 집으로 돌아오면서 이제 내가 교단에서 쫓겨나겠구나 하는 생각이 들었다. 그 일 때문에 교육청 징계 위원회에 회부될 뻔하였으나 교장이 거기까지는 안 가게 해주셨다. 하나님이 나를 보호하셔서 그 후에 다른 어떤 조치는 없었다. 하나님의 놀라운 은혜였다.

이렇게 된 것은 사모님 반의 학부형이 우리가 디모데 학교 팸플릿을 뿌린 날 서울시 본청에 우리 학교가 기독교 학교냐고 민원을 넣었는데 교사발령 건으로 너무 바빠서 그 내용을 못 본 것이었다. 우리가 디모데 학교를 하는 날 컴퓨터에서 그런 사실을 알게 되어 우리 학교에 전화를 하고 교장, 교감 선생님이 난리가 난 것이었다. 만일 그 민원을 그 전날에 열어봤으면 우리는 하지도 못했고 그것으로 인해 더 큰일이 벌어졌을지도

오월의 아이들아

모를 일이었다. 이미 우리가 그 프로그램을 진행할 때 읽어 봤기 때문에 우리가 할 수 있었던 것이다.

내가 그 학교를 떠나올 때 나에게 힘을 주셨고 자기네 교회에서 디모데 학교를 하게 했던 선생님이 자기가 내 대신 이 학교에서 디모데 학교를 해보겠다고 하셔서 너무나 감사했다. 그런데 한해를 하고 나시더니 자기는 너무나 힘들어서 못하겠다고 하시고 한번으로 끝내셨단다. 하기야 이런 일을 어찌 하나님이 주신 사명감 없이 아무나 할 수 있으랴…

밤에 일하시는 하나님

하나님은 밤마다 아침을 준비하신다
풀잎을 이슬로 닦으시고
바위를 안개로 닦으시고
길을 새롭게 하신다

하나님은 밤마다 아침을 준비하신다
하늘을 투명한 파랑으로 덧칠하시고

구름을 하얗게 옷 입혀 놓으시고
나무에게 새 옷을 입히신다

하나님은 밤마다 아침을 준비하신다
풀벌레의 목청을 청아하게 다듬으시고
아침 새들의 노래를 맑히시고
바람의 옷깃을 새롭게 하신다

하나님은 밤마다 아침을 준비하신다
아이의 키를 키우시고
아기의 볼을 예쁘게 물오르게 하시고
우리가 잠자는 동안 새 힘을 공급해주신다

하나님은 밤마다 아침을 준비하신다
태양을 반짝반짝 빛나게 닦아놓으시고
거대한 숲의 숨을 아침에 내뿜도록
희망의 꿈을 예비하신다

하나님은 밤마다 아침을 준비하신다

오월의 아이들아

어두운 밤 깜깜함 속에 울부짖을 때

하나님은 밝은 아침을 예비하신다

거칠고 어둔 인생길을 밝은 아침으로 맞을 수 있도록……

— 박순옥 詩 「밤에 일하시는 하나님」 전문

　학교에서 신우회를 인도하다보니 너무나 성경을 모르고 부족함과 답답함을 많이 느껴 신학공부를 하고 싶어 퇴근길에 교회에 들러 하나님께 기도를 했었다. 그때 하나님이 내게 "그렇게 작은 모임을 위해 신학을 하고 싶니?"라고 물어보셔서서 "네~에"라고 대답했더니 더 큰 꿈을 보여주셨는데 "너와 같은 사람을 길러라"였다. 나와 같은 사람을 기르려면 어떻게 해야 할까 라고 생각해보니 학생들이 선생님으로 나오기 전에 교대에서 믿음을 가지면 좋겠다는 생각이 들어 그러면 '기독교 교육대학'을 설립하자 라는 마음을 먹었다. 그러자면 내가 신학공부를 해야겠다고 생각했다. 그해 신학공부를 하려고 알아보니 신학대학은 저녁반이 없었고 대학원만 있었다.

　나는 2년제 교대를 졸업했기 때문에 대학원을 지원할 자격이 안 되어 3년간 교대의 계절제를 다니기로 결심하고 영어교육과를 지원했다. 왜냐하면 신학공부를 하려면 히브리어의 기초가 되는 영어를 잘해야 하기 때문이다. 3년간 방학 때면 계절제를 다니느라 방학이 따로 없었다.

그래도 너무나 재미있게 다녔는데 사실은 내가 배우고 싶던 영어를 배우는 게 아니라 발음하는 법이라든가 그 밖의 철학을 배우기도 해서 별로 큰 도움이 되지는 못했다.

그래도 신학대학원에 들어갈 자격은 주어지게 되었다.

난 계절제 대학을 다니면서도 계절제 공부를 하시는 교사들을 대상으로 전도 집회를 갖기 위해 포스터를 만들어 게시판에 붙였더니 누군가 금방 떼어버렸고 나와 함께 하시겠다고 한 분이 계셔서 그분과 한 열 분 정도가 함께 예배를 드렸었다.

그 학교에서 3년간 계절제를 다 마치고 다음 학교로 전근을 갔다.

오월의 아이들아

[7]
또 다른 도전

/

내게 능력주시는 자 안에서 내가 모든 것을 할 수 있느니라
(빌립보서 4장 13절)

전근 가던 해 하나님의 뜻을 이루기 위해 신학공부를 해야겠
다고 생각했다.

또한 딸이 고3이기도 해서 엄마인 나도 열심히 공부를 해야
겠다고 생각하고 그해 신학대학원 종교교육학과에 지원했다.
그 신학대학원은 신학과는 양재에 있었고 신학교육대학원은

사당동에 있어서 다행히 내가 다니기에 적당한 거리였다. 내가 생각하기에 나를 위해 이미 8년 전 하나님이 이 과를 신설해 주신 것이 아닐까 생각이 들었다. 종교교육학과에 교사들이 지원하면 무조건 합격이었다.

월요일마다 학교가 끝나면 신학대학원에 가서 수업을 받았다. 밤 10시까지 수업을 받는 힘든 과정이었지만 얼마나 기쁘고 감사했는지 모른다.

그때 만난 같은 반 친구는 나와 거의 20년이나 10년 정도의 차이가 나는 사람들이었다. 그중에 목사님이 된 사람도 두 분이나 있고 한 분은 대안학교를 운영하시면서 목회의 일을 하신다. 그리고 다른 분은 가정 사역을 하시고 전도사님도 한 분이 계신다. 나는 그 당시 제일 나이가 많은 사람이었지만 리포트를 내라 하면 제일 먼저 써냈다. 그만큼 신학을 배우고 싶은 열망이 컸기 때문이다.

교수님들의 강의를 들으며 나는 너무나 벅찬 마음으로 공부했다.

논문을 쓰는 3학년 땐 대학원 도서실에서 오랫동안 책을 찾아보며 논문을 써야 했다.

다른 사람들은 논문 쓰는데 제목을 무엇으로 해야 할까, 내용을 어떻게 할까, 고심했지만 나는 처음부터 '기독교 교육대학 설립을 위한 방안'이란 명제를 가지고 있었기에 오히려 맘 편하게 쓸 수 있었다.

논문을 쓰려면 많은 전문 지식이 있어야 하는데 나는 그런 지식이 부족해서 다른 사람들의 글을 읽어 가면서 내가 앞으로 설립할 학교는 어떤 방향성을 지니고 어떤 세계관을 가지고 운영해야 할 것인지를 나름대로 기도하며 생각해가며 글을 썼다.

사실 석사까지는 생각도 안 했는데 이렇게 하여 석사가 되었다.

그동안 남편은 내가 공부하는 것을 적극 도와주었다.

전근 와서 얼마 안 되어 몸이 너무 안 좋았다. 어느 날 운전을 하는데 목이 잘 돌아가지 않아 운전을 못할 지경이었다. 그래서 건강을 위해 운동을 좀 해야겠다고 생각하고 헬스를 좀할까 생각하니 시간을 내야 하고 매일 그곳까지 가는 것도 시간이 걸리는 힘든 일이었다. 그래서 제일 쉽게 할 수 있는 운동장 달리기를 하기로 결정 했다. 처음에는 반 바퀴 걷고 반 바퀴는 뛰면서 일곱 바퀴를 돌았다. 조금씩 자신이 붙어서 늘려가며 10바퀴 15바퀴까지 늘려서 뛰었다. 건강이 좋아졌다.

전근 온 학교에서 2학년을 맡았는데 그 아이들에게도 성경 얘기를 해주었고 아이들과 학부형들이 모두 협력이 잘되고 즐거운 한해를 보냈다. 그해 말에 디모데 학교를 하려고 학교 앞 육교 건너편에 있는 교회에 찾아가서 목사님께 요청했더니 쾌히 승낙해주시고 유초등부 전도사님과 함께하라고 하셔서 그분과 함께 준비를 했다. 그리고 팸플릿을 교회 목사님 부부와 전도사님이 나누어 주시겠다고 하셔서 드렸더니 아침에 등교하는 아이들에게 팸플릿을 나누어 주셨는데 내가 3층에서 내려다보니 아이들이 팸플릿을 대부분 버리고 가는 것이 보였다.

팸플릿이 학교 운동장에 떨어져 아이들의 발에 밟히고 있는 것을 보고 얼른 뛰어내려 가서 다 주웠다. 내가 줍자 우리 반 아이들이 나를 따라 같이 주워주었다. 좀 괜찮은 것을 재사용하려고 추려두고 목사님께 제가 나누어 주겠다고 하고 반마다 다니면서 양해를 구해서 원하는 아이들에게만 나누어 주었다.

그해 디모데 학교에 150명의 아이들이 참여했다. 그 교회 목사님이 너무 좋아하셨다. 교회가 생긴 이래 가장 많은 아이들이 온 것이라고 했다. 디모데 학교 후에도 22명의 아이들이 그 교회로 와 예배 드렸다고 한다. 내 할 일은 아이들이 교회에 한 번이라도 오는 것이기에 이것으로도 나의 할 일은 잘했다고 생각이 되었다.

이 일을 마치고 꿈을 꾸었는데 우리 학교 교문 앞 양쪽으로 작은 과일나무가 심어져 있는데 그 작은 나뭇가지마다에 커다란 열매가 하나씩 매달려 있는 것을 보았다.

또한 꿈속에서 사철나무에 불이 붙었는데 나무가 타지 않고 있는 것을 보았다.

하나님께서 디모데 학교를 통해 영혼의 열매 맺게 하시고 성령의 불이 우리 학교에 붙고 있음을 느끼고 감사했다.

그 다음해 5학년을 맡아서 그 아이들과 함께 4분기로 나누어 제자양육을 했다. 대부분의 아이들이 즐겁게 참여했다. 제자교육을 마치면 아이들과 롯데월드에 가서 놀았다. 그러나 몇 명의 아이들은 하기 싫다고 도망을 다녀 할 수가 없었다.

그해 아이들과 함께 사랑의 학교를 진행했다. 그런데 그날 비가 몹시 내려 강당에서 프로그램을 진행했고 학부형들에게도 오시라고 해서 가정 사역을 하시는 분을 모시고 그분의 말씀을 들었다.

아이들과 헤어질 무렵에 설문조사를 했더니 가장 기억에 남는 것은 사랑의 학교라고 했다.

다음해는 3학년을 맡았는데 부장으로 발령이 났다.

봄방학 때 부장들의 모임이 있었는데 고등부 겨울 수련회라서 그날 가질 못했더니 교감 선생님이 따로 불러 아주 안 좋은 소리를 하셨다. 그분은 천주교인이었는데 내가 아이들에게 복음 전하는 것을 아주 싫어하시고 그것에 대해 자꾸 회의적인 말씀을 하셨다.

그해에도 전도하다가 교장실에 불려 가서 각서를 쓰고 학교 직인까지 찍어서 내게 주시면서 아예 각서를 교장 선생님이 인쇄하여 주셨다.

각서를 가져오면서도 오늘 또 내게 상이 하나 더 생겼다고 속으로는 기뻐했다.

그해 6월에도 사랑의 학교를 했다. 토요일 하교하고 아이들이 집에서 점심을 먹고 물총놀이를 할 준비를 하고 왔다. 오후 2~4시까지 피구도 하고 물총놀이를 하며 신나게 놀고 물총놀이로 흠뻑 젖은 옷을 새 옷으로 갈아입었다. 교장 선생님이 궁금하셨는지 저녁 무렵에 오셨다가 가셨다. 어느덧 오후 5시가 되자 엄마들이 저녁밥을 가지고 와서 아이들과 학부모들이 함께 아이를 업고 달리기도 하고 링 던지기도 하면서 즐거운 게임을 하였다. 그리고 교실에 들어와 빙 둘러 앉아 밥을 즐겁게

먹고 동영상을 하나 보여주려고 미리 컴퓨터를 켜놓고 나왔었
으나 다시 켜보니 안 되어 말씀을 좀 전했다. 그날 온 가족이
둘러앉아서 엄마들이 가져온 케익과 저녁을 맛있게 나누어 먹
고 돌아가며 얘기를 나누었다. 엄마들이 저녁을 넉넉히 싸오셔
서 부모님이 오지 못한 아이들과 함께 나누어 먹으면서 즐거운
시간을 가졌다. 평소에 아이들이 부모님께 하고 싶은 얘기를
솔직하게 하도록 하고 부모님들도 아이들에게 해주고 싶은 얘
기를 해주는 시간을 가졌다. 그동안 집에서 서로 나누지 못했
던 이야기를 서슴없이 나누었고 그중에 아빠 혼자 아이를 기르
는 분도 오셔서 아이에 대해 미안한 마음을 말씀하시면서 우셨
다.

　마무리로 내가 약간의 설교와 기도로서 마무리를 하고 아이
들을 집으로 돌려보내되 부모님이 안 온 아이들은 가까운 아이
들과 함께 가도록 해주었다. 그날 아이들과의 사랑의 학교를
하고 나서 어떤 학부형이 나더러 진정한 피스메이커시라고 칭
찬을 해주셨다.

동행

동행이란 쉬운 것이 아니다

동행하려면
언제나 나를 죽여야 한다
내가 살면 동행이 깨어진다

노인과 동행하려면
나의 걸음을 늦추어야 한다
아이와 동행하려면
나의 몸을 낮추어야 한다
젊은이와 동행하려면
빠른 걸음을 걸어줘야 한다

슬픈 사람과 동행하면
그 사람의 슬픔을 같이 나누고
기쁜 사람과 동행하면
그 기쁨을 함께 나누어야 한다

오월의 아이들아

분한 사람과 동행하면
노여움이 전달된다
사랑하는 사람과 동행하면
따뜻함이 전달된다

늘 불만도 많고 이기적인 내가
동행하기엔 너무나 부끄럽다

그러나 그러나……

주님은 나를 책망치 않으시고
언제나 내 옆에 말없이 동행하고 계신다

― 박순옥 詩「동행」전문

8
어리석음

시몬아, 시몬아, 보라 사탄이 너희를 밀 까부르듯 하려고 요구하였으나 그러나 내가 너를 위하여 네 믿음이 떨어지지 않기를 기도하였노니 너는 돌이킨 후에 네 형제를 굳게 하라

(누가복음 22장 31,32절)

다음해 우리 아들이 군대에 입대를 해서 나만 편히 있을 수 없어서 우리 교회에서 가는 카자흐스탄 선교를 따라 갔다. 그해 나는 총신대학원을 졸업하는 해였다. 논문을 써냈는데 논문

이 신선하다며 논문집에 싣겠다고 해서 논문을 요약, 정리하여 선교 가는 아침에 제출하고 갔다.

선교가기 전에 꿈을 꾸었었는데 꿈속에서 고즈넉한 산속에 붉은 벽돌집 세 채가 보였는데 왠지 하나님이 내게 주신 사인 같이 느껴졌다.

카자흐스탄에 가서 선교사님과 새로운 교회 부지를 보고 소름이 돋았다. 그곳에는 세 개의 붉은 벽돌집이 있었고 세 개 중에 두 개만 구입을 하고 한 개 동은 못 사셨다고 했다. 나는 그당시 아버지께서 남겨주신 유산이 있었고 그것을 살 돈이 되었다. 그래서 내가 산다고 하거나 헌금을 한다고 하기만 하면 되었다. 그런데 난 돈에 대한 욕심 때문에 그렇게 하지 못했다. 한국에 돌아와서까지 그 생각으로 가득차 있었다. 그런데 마침 2월 선교사님이 나오셔서 물어 봤더니 그 건물을 사려면 현지인이라야 구입을 할 수 있고, 그곳을 신학교로 쓸 건데 자기는 이제 신학교에 관여 하지 않을 것이라고 했다. 그래서 나는 접어야겠다고 생각했다.

그런 후 6월 우리 교회 목사님이 그 교회에 가셨다 오셔서 하시는 말씀이 그곳을 이슬람 사람이 사서 러브텔로 사용하고 이제는 10배로 올랐다는 것. 그러면서 그 이슬람 사람이 선교

오월의 아이들아

사님을 너무나 괴롭힌다고 하셨다. 그때 망치로 머리를 세게 얻어맞은 느낌이었다. 그 후 두 달 동안 기도도 못하고 계속 회개하면서 마음속에 하나님께 불순종했다는 생각으로 인해 너무나 괴로웠다. 그래서 다음해 우리 교회 교육관을 건축한다고 해서 그 돈을 전부 하나님께 드렸고 나에게 있던 다른 물질도 선교사님이 오셔서 어려운 교회 사정 얘기 하셨을 때 빌려 드렸으나 나중에 갚지 못하셔서 헌금이 되었다. 결국 하나님께 다 드릴 헌금을 내가 끌어안고 있다가 오히려 선교사님을 어렵게 만든 어리석음으로 인해 너무나 큰 후회가 되었다.

다음해 그 학교에서 마지막되는 해였다.

난 카자흐스탄에 갔을 때 내가 과연 디모데 학교를 하는 것이 맞는 것인지 나와 같은 사람이 해도 되는 것인가 마음에 의심이 생겼다.

'주님 말씀하시면 내가 나아가리다 주님 뜻이 아니면 내가 멈춰 서리다' 라는 복음송이 내 마음에 계속 들리면서 하나님이 원하시지 않으면 안 하겠다고 기도하고 그해 겨울에는 디모데 학교를 하지 않았다.

그런데 하나님께서 그 다음해에 내 마음에 디모데 학교를 하

라는 강한 마음을 주셔서 다가오는 5월 어린이날을 기점으로
아이들에게 파티를 열어 주기로 하고 반마다 다니며 커다란 색
도화지에 글씨를 붙이고 꾸며서 아이들에게 홍보를 했다.

어린이날 즈음 5월 2일 디모데 학교를 했다. 아이들이 150
명이 왔다. 아이들에게 말씀을 전해준 분은 우리 대학원 동기
이자 전도사님이 오셔서 해주셨고 신우회 선생님들이 도와주
셨다. 어린이날을 기해 축제와 같이 커다란 케익을 준비하여
아이들과 나누어 먹었다. 교회에서 아이들에게 맛난 점심도 제
공해 주어 아이들이 매우 기쁘게 디모데 학교를 했다. 얼마나
마음이 벅차고 기뻤는지 모른다.

내가 학교에 있는 4년간을 디모데 학교를 그 교회에서 했더
니 목사님이 앞으로도 그 일 할 사람을 세워놓고 가라고 하셨
다. 그러나 신우회를 할 분 한 사람은 세웠으나 디모데 학교를
할 사람은 아쉽게도 구하지 못했다.

껍질 깨기

세상에서 쉬운 일이 어디 있으랴

오월의 아이들아

알이 껍질을 깨지 않으면
그대로 하나 일 뿐

순탄하기만 한 인생은
껍질 남은 한 알
뜻대로 안될 때
껍질이 깨어지는 순간

아픔 없는 인생은
깨지 못한 한 알
숨겨놓은 수많은 기회
부단히 넘어지고 깨어질 채비되길

스스로 깰 것인가?
깨어질 것인가?

— 박순옥 詩「껍질 깨기」전문

9
아찔한 순간

사람이 감당할 시험 밖에는 너희가 당한 것이 없나니 오직 하나님은 미쁘사 너희가 감당하지 못할 시험 당함을 허락하지 아니하시고 시험 당할 즈음에 또한 피할 길을 내사 너희로 능히 감당하게 하시느니라

(고린도전서 10장 13절)

나는 그 다음해 다른 학교로 전근을 갔다.

그 학교는 전에는 큰 학교였으나 지금은 학교 주변이 주로

오래된 빌라이고 그곳에서도 반지하에 사는 아이들이 많이 있어 열악한 조건의 아이들이 다녔다.

학교의 길 건너편에도 교회가 있어서 교육전도사님과 디모데 학교를 열심히 준비하여 진행하게 되었다. 전도사님은 어린이 찬양곡을 만들어 여름성경학교 강습회에서 가르치는 분이셨다. 나는 학교에서 디모데 학교뿐 아니라 중 고등학생을 대상으로 청소년비전학교를 하고 싶었다. 왜냐하면 초등학생에서 청소년 시기로 올라가면 신앙을 잃어버리는 경우가 많이 있어 청소년들을 전도하고 싶어서였다.

그래서 '청소년비전학교'라는 타이틀을 만들어 중 고등학생을 초청하기 위해 팸플릿을 찍어 주변 중 고등학교에 찾아가 아이들을 만나 팸플릿을 나누어 주었다. 그리고 조금 알려진 CCM가수를 초대했다. 많은 경비와 노력이 들어갔지만 아이들은 그리 많이 오진 않았다. 그 교회 아이들과 합해서 50명 정도가 왔었다. 그래도 여러 가지 준비하면서 참으로 감사했고 중 고등학생을 초대할 수 있어서 너무나 기뻤다. 이 시대의 청소년들이 하나님을 경외하고 하나님 안에서 꿈을 꾸며 살아가길 원하면서 그 후에도 디모데 학교와 청소년비전학교를 겸하여 하려고 계획했다. 디모데 학교를 할 때는 학교 교실에 들어가 홍보를 했지만 청소년비전학교를 위해서는 전도사님과 함께 1000장의 팸플릿을 제작하여 직접 중학교마다 찾아가 나누어 주었다. 우리는 최선을 다했지만 아이들은 고작 15명이 왔다. 너무나 실망스러웠다. 그 다음해 청소년비전학교를 위해 다른 교회에 가서 요청을 하고 준비를 했다. 그런데 그날 서둘러 퇴근을 하는데 버스를 타려고 뛰다가 그만 왼쪽 발을 다치는 바람에 할 수가 없었다. 청소년비전학교는 못했지만 디모데학교는 했다.

어느 날 나는 전철을 타고 약속 장소로 가면서 쭉 성경을 읽고 있는데 어떤 남자분이 나를 보면서 말을 걸어왔다. 자기는 중국 선교사인데 지금 기도원에 기도하러 가니 기도 제목이 있으면 적어 달라고 하며 자기가 기도 응답받은 것을 얘기해줄 테니 연락처를 달라고 했다.

나는 그 당시 고민이 되는 것이 있어서 그것을 기도 제목으로 적어주고 연락처도 적어주었다.

다음날 그 선교사로부터 전화가 왔는데 자기가 기도하니 응답을 받았다고 하면서 나를 만나자고 했다. 난 우리집이 멀다고 그냥 말씀으로 하라고 했더니 자기가 찾아갈 테니 어느 커피숍으로 오라고 했다.

나는 나가기 싫었지만 그래도 멀리까지 찾아와 준다고 하니 고마워서 서둘러 약속 장소로 갔다.

중국 선교사는 종이에 그림을 그리면서 이제껏 알고 있던 성경지식을 다 버리고 성경을 이렇게 풀어야 한다며 설명했다. 그리고 그림을 그려 나무가 뒤집힌 그림을 보여주며 익숙한 표정으로 설명을 쏟아내고 있었다. 그러면서 성경공부를 하러 사당동에 있는 센터에 와 일주일에 세 번 또는 두 번 성경공부를 하자고 했다. 나는 성경을 배우는 것을 좋아했고 한동안 성경공부를 따로 하지 않아서 그럼 일주일에 두 번하겠다고 약속을 하고 집으로 돌아왔는데 아무래도 이상하다는 생각이 들었다. 그날이 마침 수요일이라 교회 계단을 올라가는데 마침 담임 목사님을 만나 목사님께 이런 성경공부가 있다고 하는데 해도 되나요? 하고 여쭤보니 목사님이 막 화를 내시면서 무슨 성경공부냐고 하셨다. 그때 정신이 번쩍 들었다. 이게 바로 신천지구나 내가 하마터면 그것에 끌려 갈 뻔했구나 하는 생각에 너무나 놀라고 가슴이 두근거렸다.

그 후로 자꾸 내 핸드폰으로 성경공부하러 오라고 연락이 왔다. 난 못 간다고 했지만 여러 번 연락이 와 내가 '나는 절대 신천지엔 안 갑니다'라고 문자를 보냈더니 그가 탄로 난 것을

오월의 아이들아

알고 다시는 연락을 안 했다. 너무나 무서운 일이었다. 이래서 사람들이 신천지에 끌려들어가는구나 하는 생각이 들었다. 하나님께서 이 무서운 마귀에게서 건져 주심을 너무나 감사했고 목사님께도 감사했다.

그 다음해 5학년을 맡아서 아이들과 즐겁게 지내고 성경공부하고 싶은 아이들에게 토요일마다 성경을 가르쳤다. 일 년을 즐겁게 잘 지내고 다음해 교실을 깨끗하게 비워주자고 하면서 종업식 바로 전날 아이들과 특별한 날을 가졌다. 첫 시간에 예수님에 관한 동영상을 보여주고 둘째 시간에 아이들이 자기의 죄를 종이쪽지에 써서 내가 만든 십자가에 핀으로 꽂아 모든 죄를 용서받은 표시를 하며 회개 기도도 했다. 그런 후 우리 반에 들어올 후배들을 위해 깨끗이 청소하여 깨끗한 교실을 넘겨주자 하면서 아이들과 대청소를 했다. 아이들은 자원해서 여러 곳을 열심히 청소했다. 그런데 내가 시키지도 않은 복도 유리창 창문에 몇 명의 아이들이 올라가서 창문을 닦으려고 창틀로 올라간 모양이다. 나는 그것도 모르고 교실 안에서 아이들과 청소를 하고 있는데 어떤 아이가 갑자기 뛰어들어와 여자아이가 창문에서 떨어졌다는 것이다. 나는 앞이 깜깜했다. 우리 교실은 앞쪽에서 보면 4층이요 뒤쪽에서 보면 3층인 교실이다. 아이는 뒤쪽 창을 닦다가 떨어진 것이다. 나는 정신없이 아이가 떨어졌다는 곳으로 달려가면서 온갖 생각이 머리에 스쳐 갔다. 아아! 아이가 죽었으면 어떻하지? 아이는 이제 5학년밖에 안 되었는데…… 난 이제 어떻게 될까? 정말 난 어찌할 바를 몰랐다. 그때 "하나님 좀 살려 주세요"라고 외마디 기도를 하며 달려갔다. 그런데 그 아이가 떨어진 그곳에 어떤 선생님의 크고 좋은 차가 세워져 있었고 그 아이는 차의 앞 유리창에 머리 쪽이 아닌 엉덩이 쪽으로 떨어졌던 것이다. 그런데 워낙 좋은 차여서 아이가 떨어진 충격으로 앞 유리창이 푹 들어갔지만 바스러지지 않았고 아이는 그 완충작용으로 인해 멀쩡히 땅으로 내려온 것이었다. 내가 갔을 땐 보건 선생님이 아이의 목에 기브스를 하고 아이를 안정시켜서 뉘어 놓았다. 내가 뭘 어찌 해야 할지 몰라 안절부절하니 보건선생님이 빨리 119를 부르라고 했다. 그래서 119에 전화를 하고 다시 교실로 올라가 우리 반 아이들을 옆반에 부탁하고 아이와 함께 119를 타고 병원으로 갔다. 여러 검사를 했을 때 아이는 괜찮다고 했다. 다만 아이가 많이 놀랐고 또 다른 곳이 어떨지 모르니 입원을 해야 한다고 했다.

　그 아이의 엄마가 사색이 되어 뛰어오셨고 아빠도 나중에 오셨다. 처음에는 자기 아이가 죽을까봐 나에게 큰소리로 욕 비슷하게 흥분해서 얘기를 했고 나도 기가 죽어 어찌할 바를 몰라 연신 죄송하다고만 했다. 아이를 입원시키고 학교로 돌아오니 교감 선생님이 나더러 매일 아이를 찾아가고 부모님을 찾아뵈라고 했다.

나는 매일 그 아이를 찾아갔다. 그리고 아이가 3일 후 진단 결과가 나왔는데 장이 조금 손상이 있긴 해도 큰 것이 아니니 집에 가서 요양하고 무슨 일이 있을 때면 오라는 것이었다. 학교에서 그래도 모르니 충분히 입원해 있으라고 해서 일주일 더 입원을 했다. 얼마 후 퇴원해서 아이가 집에서 통원치료를 하는 중 집으로 찾아가 부모님을 뵈었다. 그즈음 부모님도 나도 좀 안정이 되어 서로 좋은 말로 주고받았다. 그 후 한 번 더 찾아갔고 그때는 부모님과 마음을 열고 이야기를 나누었다. 우리의 생명은 하나님이 주신 것이며 하나님은 자녀의 생명도 붙잡아 주셨다고 말씀을 드리며 복음을 전했다. 그분들은 원래 참 착하신 분이셔서 복음을 잘 받아드리고 영접을 하셔서 자기네도 교회에 가겠다고 하셨다. 할렐루야!

다음해 다른 교장 선생님이 발령을 받았다. 나는 신우회에서 좋은 믿음의 교장 선생님이 오시도록 기도했고 교장 선생님은 장로님이라고 해서 우리의 기도에 응답해주셨다고 기뻐했었다. 그런데 알고 보니 그분은 어떤 이단종파 교회의 장로였다. 그분은 나에게 자기네 교회 목사님이 훌륭하다고 하면서 자기네 교회에 한번 오라고 초대를 했는데 가지 않았다. 내가 여름방학 중에 근무를 하고 있을 때 점심식사를 하면서 자기네 교회의 어떤 청년이 탁명환 목사님을 죽였다고 떳떳이 얘기를 했다. 나는 너무나 깜짝 놀랐다. 자기네 교회 목사님이 책을 여러 권 썼다고 하면서 자랑을 했다. 나는 속으로 얼마나 무섭고 두려웠는지 모른다. 이런 이단 교주를 숭상하고 그를 추앙하며 그를 반대하는 사람은 죽이는 무서운 교회에 다니시는 분이 우리 학교 교장이라니……

어느 날 나를 교장실로 부르더니 내가 복음 전하는 것 때문에 민원이 인터넷에 올라왔다고 그것을 캡쳐해서 나에게 보여주고 이러면 학교에서 어려울 거라는 위협적인 얘기를 했다. 어느 날은 우리 반에 자기네 교회 목사님의 책을 가져와 내게 주면서 읽어보라고 했다. 나는 요즘 성경책을 읽다보니 다른 책 읽을 시간적인 여유가 없다고 거절했더니 자기가 사인했던 책 앞장을 내 앞에서 좌악 찢고는 가져가 버렸다. 나는 참으로 어안이 벙벙했다. 그러더니 그해 여름 부장연수를 강릉으로 다녀오고 나서 교장이 나를 부르더니 앞으로 절대 부장을 못하도록 각서를 쓰라고 했다. 나는 그것도 너무 이해가 안 되었지만 내가 부장의 역할을 잘못해서 그런 거겠지 하면서 억지로라도 이해하려 애썼다. 또한 그해 내가 교직 37년차라 교육청에서 표창장과 선물이 왔는데 그것도 쉬쉬하고 몰래 내게 주었다.

다음해가 교장이 정년퇴임을 하는 해였는데 나는 교장의 정년퇴임식에 참여하기 싫었지만 그래도 내가 그러면 원수를 용서하는 것이 아니기에 모든 마음을 억누르고 정년퇴임식에 참석했다. 그 교장은 훌륭하게 된 제자들이 많았다. 참 이해가 안 되고 부럽기도 했다.

그 학교에 있는 동안 신우회에 가끔 나오시는 여선생님이 남편과 아이들로 인해 많은 어려움을 당하고 있었다. 그 선생님을 오후에 우리 반으로 오시라고 해서 계속 예배를 드리며 속마음을 털어놓고 얘기하도록 하고 기도를 했는데 그 선생님은 눈물을 거의 두 양동이는 흘리셨다. 그런 후 많이 회복 되셔서 얼굴이 밝아지셨다.

그리고 마지막 해엔 우리 옆 반에 있는 천사 같은 분에게 성경공부를 시켜드렸다. 그분은 그해에 자궁수술을 하고 마음이 많이 어려운 상태셨다. 교회를 다니지 않고 계셔서 그분께 성경을 가르치며 예수님에 대해 말씀을 전했는데 어느 날 그분은 교회를 나가기 시작하셨다.

다음해 내가 다른 학교로 전근을 가게 되어 아쉽게 성경공부를 못하게 되었다.

나목

꽁꽁 언 땅
영하 12도를 오르내리는 매서운 추위

맨발로
차가운 대지를 굳게 밟고 서있는 너의 기개

하늘을 향해
쭉 뻗은 팔을 조금도 아프다 굽히지 않고 서있는 너

아무리 찬바람 불어와도

오월의 아이들아

끄떡하지 않고 맨몸으로 당당히 맞닥뜨리는 너

가녀린 가지마다에
죽은 듯 생명 품고 서있는 너

딱딱한 나무둥치
그 한 곳도 몸 사리며 한기 피해보려 애쓰지 않는 너

온몸 두터운 외투로 감싸고도
털모자 털장갑 털목도리 휘감은 나와 너무나 다르구나

너의 강인함으로
세상을 살아가는 법을 배우고 싶다

시리고 시린 하늘
모진 칼바람 맞으며
오늘도 꼿꼿이 서있는 네가 고맙다

— 박순옥 詩 「나목」 전문

10
정년을 앞두고

/

나는 선한 싸움을 싸우고 나의 달려갈 길을 마치고 믿음을 지켰
으니 이제 후로는 나를 위하여 의의 면류관이 예비되었으므로 주
곧 의로우신 재판장이 그날에 내게 주실 것이며 내게만 아니라 주
의 나타나심을 사모하는 모든 자에게 도니라

  (디모데후서 4장 7,8절)

다음 전근 간 학교에서 나는 6년 후 정년퇴임을 한다는 생각
때문에 발령받고서 마음이 조급하였다. 첫해 5학년을 맡아 3

월부터 반 아이들을 하나씩 불러내어 복음을 전하고 아이들을 영접했다. 3월 말부터 민원이 들어온다고 교감 선생님이 전화를 했다.

우리 반 한 아이의 엄마가 우리 학교 선생님이었다. 그날 내가 과학시간에 달과 지구에 대해 공부를 하는 중 하나님이 세상을 만드시고 지구를 23.5도 기울게 만드신 것은, 온 지구에 사계가 있고 절기가 있도록 하나님이 만드신 것이라고 설명했더니 그 아이가 집에 가서 그 얘기를 한 모양이었다. 과학시간에 과학은 안 가르치고 창조를 가르쳤다고 민원이 들어오게 되고 그 아이의 엄마가 다른 엄마들을 동원해서 나를 교직파면시켜야 한다고 선동한 것 같았다.

4월 중순경 수업을 하고 있는데 교장 선생님으로부터 다급하게 전화가 왔다. 지금 교장실에 어떤 학부형이 와있는데 교실로 직접 올라가려는 것을 겨우 붙잡아 놨으니 내려와 보라고 했다. 나는 떨리는 마음으로 교장실로 내려가면서 "하나님! 다니엘을 사자 굴에서 건져 주신 것처럼 저도 이 시간 그 학부형으로부터 건져 주세요!"라고 간절히 기도 하며 내려갔다. 교장실로 들어갔더니 덩치가 남산만하고 깍뚜기 머리를 한 사람이 앉아서 나에게 삿대질을 하며 "당신이 5학년 담임이야"라

오월의 아이들아

면서 마구 화를 냈다. 그 옆에는 덩치가 더 크고 젊은 깍뚜기 머리의 한 남자가 앉아 있었다.

그들을 보면서 '저 사람들이 나를 치면 한주먹거리도 안 되 겠구나' 하는 생각이 들었다. 하지만 내 마음속에 '내가 보기엔 너희들이 한주먹거리도 안 된다'라는 담대한 마음을 하나님이 주셨다. 그 사람은 나를 노려보며 우리 아이가 학교 가길 싫어 한다며 그런 식으로 가르치지 말라고 했다. 난 그 말을 되받아 서 "아버님, 아버님은 학부형이시고 저는 교사입니다. 교사가 학부형 말 듣고 가르치는 것 아니에요"라고 하니 "누가 공부 를 가르치지 말라고 하냐 종교 교육을 시키지 말라고 하는 거 지"라고 했다. "그러세요. 나는 좋은 의미에서 가르쳤는데……
앞으로 조심하겠습니다"라고 대답했다. 그랬더니 그 사람은 얼른 시계를 보면서 바쁜 척 하더니 일어났다.

교장 선생님은 그 사람에게 차라도 한잔 드시고 가라고 하니 시간이 없다고 일어서 나가는 것이 아닌가. 교장 선생님이 운 동장까지 따라 나가며 악수를 청하길래 나도 "아버님 저와도 악수해요"라고 그 사람에게 악수를 청했다. 그 사람은 커다란 손으로 악수를 했다. 나는 그 사람의 뒷모습을 보면서 이 사람 도 구원받아야 하는 영혼인데……라는 생각에 불쌍한 생각이 들었다. 이것이 모두 성령께서 내게 담대함을 주셨기 때문이다.

그해 나는 많은 어려움을 당했고 12명의 엄마들이 교장실에 와 이 사람 파면시키라고 몰려 왔었다. 나는 그해 사랑의 학교를 하려고 계획서를 작성해 교장 선생님께 드렸더니 그것을 보고 교장 선생님이 "누가 선생님이 이런 것 한다고 좋아하겠느냐?"며 냉소적으로 반대를 하셔서 못하게 되었다.

한해 동안 아이들과도, 학부형과도, 다른 교사들과도 너무나 안 좋은 관계가 되었다. 신우회 선생님들이 말씀하시길 전근 와서 아직 내가 누구인 줄을 모르는 가운데 아이들에게 복음을 전하니 거부반응이 큰 거라고 했다. 나도 그 말에 공감을 하지만 그래도 이 학교의 학부형들이 좀 유난스럽고 거세다는 생각이 들었다. 그렇게 우여곡절 속에 한해를 지냈다.

다음해 2월 말 담임 발표를 했는데 담임 배정표를 보고 나는 깜짝 놀랐다. 아무리 찾아봐도 내 이름이 없었다. 그래서 한참을 찾아보니 맨 아래쪽에 내 이름이 있긴 한데 3학년 체육교담으로 써 있었다. 그때의 내 나이가 이미 55세를 넘어선 시기인데 나에게 체육교사를 하라는 것은 나를 교직에서 물러가라고 하는 이야기였다. 나는 너무나 창피하여 어찌할 바를 몰랐다. 모든 선생님들이 나를 볼 때 우습게 보고 불쌍히 보는 눈길이 느껴졌다. 나는 그날 집으로 오면서 이제 교직을 그만두어야겠다고 생각했다.

그 후 나는 며칠을 고민하고 수요예배에 갔을 때 "하나님 제가 교직을 그만두어야 할까요?" 하고 묻고 있었다. 그런데 그때 하나님의 음성이 들렸다. 수요예배 때 목사님의 설교가 시편 내용이었는데 다윗이 그렇게 사울에게 시달리고 괴롭힘을 당해도 하나님이 다윗에게 유다로 가라고 하시는 설교 말씀이었다. 나는 그 말씀을 들으며 나의 '유다'는 어디인가를 생각해 보았더니 '교단'이었다.

그래서 나는 교단을 그만두면 안 되겠구나 라고 생각하고 그때부터 마음이 정리가 되었고 '금강석 같은 얼굴을 갖자'라는 굳은 결심을 했다.

2월 말 교실도 비워주고 사물함도 정리하려고 학교에 갔다. 담임을 오래 하다 보니 물건들이 많아 물건을 교실로 옮겨야 하는데 교과전담이다 보니 물건을 옮길 교실이 없어진 것이다.

교담실은 아주 좁은 공간이었고 그곳에 나의 물건을 1/5도 제대로 못 넣을 것 같았다. 나는 우선 짐을 줄이기 위해 나누어

주기도 하고 버리기도 해서 옮길 물건은 별로 없었지만 그래도 필요한 물건을 옮겨야 해서 학교에 갔었다. 때마침 그때 교담실에서 운영위원회의를 하고 있었다. 잠깐 들리는 소리를 들으니 우리 반아이의 엄마 목소리가 들리고 그런 교사를 교단에 그대로 두느냐는 신랄한 비판의 소리가 들려왔다.

나는 듣지 않으려고 복도를 돌아나와 막막하게 서 있다가 그 층에 다른 반 교실 문이 열려 있길래 들어갔다. 내가 짐을 잠깐이라도 보관해 줄 수 있을지 물어보려 들어갔는데 하나님은 참으로 내게 천사를 보내주셨다. 뜻밖에도 그분은 바로 지난 학교에서 내가 성경을 가르쳐 드렸던 선생님이었다. 그분이 우리 학교로 발령이 나서 그날 반을 정리하고 교실을 좀 꾸며보려고 나오신 것이었다. 나는 사정얘기를 하고 물건을 잠시 보관해도 되겠냐고 물어보니 얼마든지 그러시라고 하시면서 짐을 맡아주셨다. 참으로 기가 막힌 타이밍이 아닌가? 룻기에 룻이 우연히 보아스의 밭에 갔을 때 마침 보아스가 그 밭에 온 것과 흡사하단 생각이 들었다.

나는 그분 덕에 마음 편하게 학기 초를 맞이했고 그분은 그 다음해부터 나와 성경공부를 다시 시작했다. 정년퇴임할 때까지 요한복음 마태복음과 창세기와 출애굽기를 매주 한 장씩 공부했다. 미리 성경공부를 해가니 내게도 너무나 좋은 시간이었다. 그 선생님은 성경공부시켜준 것이 고맙다고 지금도 매년 내게 아주 좋은 오이 한 박스씩을 보내 주신다.

3월 2일 출근을 하는데 나의 얼굴이 부싯돌같이 강직하게 굳어 있었다. 나는 교무실에 전학 온 아이들이 많아 교무실로 가지 않고 보건실로 갔다. 그곳에서 체육 보조교사인 50세가 넘은 여자선생님을 만나게 되고 그분으로 인해 나는 더욱 용기를 얻게 되었다. 그분은 그 나이에 강사인데 나는 그래도 정식 교사로 체육을 가르치는 선생이지 않은가? 라는 생각에 마음이 위로가 되었다. 그 보조교사는 알고 보니 숙대 무용과를 나온 체육계에서는 엘리트였다. 그런데도 그 나이에 체육 강사를 하는 것이었다. 나는 그해부터 5년간 체육교사를 하면서 신우회 인도와 교사 성경공부, 아이들 디모데 학교를 쉬지 않고 했다.

체육교사를 하는 것도 좋은 점도 많이 있었다.

우선 담임이 아니다 보니 수업시간 이후에는 다른 할 일이 없어서 나의 자유시간을 가질 수 있었다. 그리고 아이들 관리도 안 해도 되고 아이들이 체육시간을 좋아하니 아이들과의 교감도 잘되었다. 수업시간 이후에 성경도 많이 읽고 신우회를 준비하기에도 좋았다. 특히 아이들과 국민체조를 하루에 적어도 4번 이상하는데다 아이들과 뛰어다니다 보니 건강이 더 좋아졌다. 그런데 매일 운동장에 나가는 일이 참 어렵기도 하고 햇볕이 뜨거워 4월 말 이후엔 운동장 수업이 너무나 힘들었다. 그래도 감사한 것은 우리 학교에는 커다란 강당이 하나 있어 체육수업의 반은 강당에서 할 수 있었기 때문이다.

나는 체육수업 간간이 아이들에게 복음 메시지를 전하기도 했고 디모데 학교를 모집해서 하기도 했다. 그래서 학부형들이 많이 비난하고 내게는 교사평가에 가장 나쁜 점수를 주어졌다. 그래도 감사했다.

시간적 여유가 있으니 디모데 학교뿐 아니라 신우회의 선생님들을 찾아가 교제도 하고 다른 선생님들에게 전도할 수 있는 기회도 많이 가졌다. 그리고 1년에 두 번씩 교사 초청예배도 드려 믿지 않는 선생님들을 초청하여 예배도 드렸다.

그리고 학교 바로 앞에 교회가 있어 목사님께 디모데 학교에 대해 설명을 하고 승락을 받아 그곳에서 디모데 학교를 2년간 했다. 청소년비전학교도 하려고 목사님께 말씀드렸더니 중 고등부 담당 전도사님과 의논해 보라고 하셨는데 중 고등부 선생님들이 전혀 협조를 안 해주었다. 그래서 각 학교 신우회 선생님들께 이런 일을 해보자고 편지를 보냈지만 아무한테도 연락이 오지 않았다. 그래서 결국 할 수가 없었다. 나는 그 교회가 너무 협조를 안 해주니 그곳에서 디모데 학교를 하고 싶지 않아서 그 근방에 다른 교회를 찾아가서 목사님께 말씀드렸더니 너무 좋아하셨다. 나는 그곳에서 4년간 디모데 학교를 하게 되었다. 그 교회는 내가 성경공부를 시켜 드린 선생님이 다니는 교회이기도 했다.

　나는 정년퇴임 2년을 남겨두고 이렇게 복음을 전하다가 교직에서 잘리면 연금도 못 탈 텐데 그냥 명예퇴임을 할까 라는 생각을 했었다. 그런데 그해 교육자선교회에서 전도폭발훈련 훈련자로 좀 와달라고 연락을 받고 교직의 마지막을 전도로 장식하자 하고 훈련자로 계속 다녔다.

　장소는 영락교회에서 매주 화요일에 했었다. 그때 우리 학교 교장 선생님이 바뀌었는데 하나님이 정말 좋은 장로님을 우리 학교에 발령을 내주셨다. 그분은 마음이 너그럽고 착하신 분이셨다. 사모님은 이미 우리 학교의 특수학급 교사로 계셔서 먼저 알고 지내던 차에 우리 학교에 발령을 받으신 것이다.

나는 전도폭발훈련에 참여하면서 교장 선생님을 전도훈련에 참석시키기 위해 교장실에 세 번을 찾아가서 전도폭발훈련을 받으실 것을 권면했다. "교장 선생님이 교장이 되신 것이 이때를 위함이 아니십니까? 전도폭발훈련을 통해 훈련받으시고 더 전도 잘하는 교장 선생님이 되세요"라고 끈질기게 권면해서 교장 선생님이 나의 훈련생이 되셨다. 그리고 우리 학교 교감 선생님도 교장실에서 전도하고 또 다른 교사들에게도 부지런히 찾아가 전도를 했다. 마침내 우리 학교 선생님 중에 전도받기도 하고 훈련에 참여한 사람들이 많이 있었다.

그 교장 선생님 부부는 정년퇴임 후 우즈베키스탄에 가셔서 선교사로 일하신다. 3년을 작정하고 가셨으나 지금 5년째 선교활동을 하고 계신다.

교장 선생님은 대학생들에게 한글을 가르치시고 사모님은 그 학생들을 집에 초청하여 한국 음식을 대접하고 복음을 전하기도 하셔서 아주 선교를 잘하고 계신다.

나는 교담을 하니 시간이 많아 더 할 일이 많아졌다. 매주 한 번씩 옆반 선생님께 성경을 가르쳐 드리고 매주 신우회로 모이고 매년 디모데 학교도 했다. 또한 신우회 정기예배를 일 년에 두 번씩 드리면서 학교 선생님들을 초대해서 교회에서나 학교 교실에서도 교사초청예배를 드렸다. 그리고 하나님으로부터 받은 사명을 위해 내가 직접 교대를 못 세워도 교대생들에게 복음을 전하기 위해 일주일에 한번은 경인교대에 들러서 캠퍼스 전도를 했다. 또 기독동아리 대학생들을 찾아가 간식도 사주고, 기도도 하고, 격려도 해주었다. 그리고 교대생들이 임용고시를 볼 때 격려차 말씀 구절과 쿠키를 포장해서 보내고 헌금도 했다.

정년퇴임하기 바로 전 나는 아예 담임을 할 엄두가 못 냈다. 그래서 계속 교담을 신청했고 그것도 체육교사만을 신청했다. 그해 교과전담을 맡을 사람들끼리 모여 교과를 정해야 했다. 그런데 젊은 교사들이 체육을 서로 안 하려다 보니 음악교과가 남고 체육은 전담하는 사람들이 하는 것으로 했다. 그러다 보니 나는 체육을 하더라도 반 토막을 체육을 하고 반 토막은 음악을 가르쳐야 했다.

그동안 나는 13년간을 음악을 가르치지 않았기 때문에 음악은 가르칠 엄두가 안 났다. 음악은 절대 못한다고 버텼는데 젊은 선생님들이 양보를 안 했다. 나는 그 자리에서 하나님께 기도했더니 하나님께서 "네가 양보를 해야지 어쩌겠니?" 하셨

다. 할 수 없이 음악을 맡기로 했다. 그래서 나는 4학년 체육
네 반과 3학년 음악 다섯 반을 맡게 되었다. 처음으로 하는 음
악이 나에겐 너무 어색했는데 3학년 아이들이 음악을 얼마나
좋아하는지. 그리고 음악은 그야말로 힐링이 되었다. 나는 그
제서야 왜 하나님이 음악을 가르치라고 하셨는지 알게 되었다.
음악을 가르치면서 교사다운 체통이 좀 선 것 같기도 했다.

나는 그렇게 정년을 맞이하게 되었고 정년퇴임하기 바로 전
12월 30일까지 디모데 학교를 하고 정년을 맞았다.

그리고 하나님께 나의 교직 생명을 지켜주시고 디모데 학교
를 정년퇴임 전까지 다할 수 있게 해달라고 간절히 기도했었는
데 하나님은 나의 기도에 정확히 응답해주셨다.

정년하는 해 디모데 학교도 마치게 되자 나에게 어떤 학부형
이 꽃다발과 케익을 주셨다. 하나님이 내게 주신 상이라는 생
각이 들어 너무나 감사했다.

나의 정년퇴임식도 이런 처지에 할 수 있을까 했는데 하나님
께서 장로님이신 교장 선생님을 보내주셔서 나만의 퇴임식을
하게 되었다. 또한 좋은 뷔페 음식점에서 아주 성대하게 정년
퇴임식을 해 주셨다. 정년퇴임식 때 우리 가족과 큰형님과 둘
째 조카가 참석했다. 후배 선생님들의 음악회와 나의 퇴임사와

'하나님은혜' 라는 특송을 조카와 함께 불렀다. 그리고 황조 근 정훈장도 받았다.

나는 정년퇴임을 하면서 교단에서의 나의 할 일을 다 한 것 같아 전혀 아쉬움이 없었다. 비록 흡족한 정도는 아니지만 나로서는 최선을 다하여 믿음의 길을 달려왔다. 그럼에도 불구하고 복음을 위해 고난을 많이 받았고 달려갈 길을 잘 마칠 수 있었기 때문이다.

하나님은 나의 교단생활 중에 힘들고 어려운 터널을 지날 때마다 항상 피할 길을 주셨고 돕는 사람들을 붙여 주셨으며 언제나 즐거움으로 아이들과 생활할 수 있게 하셨다. 이 모든 것이 하나님의 은혜다.

살얼음판 같은 교직생활 속에서 하나님은 나를 지켜주셨다. 그리고 항상 힘든 상황 속에서도 꿋꿋이 아이들에게 복음을 전할 수 있었던 것은 나의 연약함에도 불구하고 하나님의 강한 팔로 안아주시고 인도해주신 결과이다. 하나님 참으로 감사합니다.

할렐루야!

난 2등이 좋습니다

난 2등이 좋습니다
다른 사람의 시샘의 대상이 아니니까요

난 2등이 좋습니다
아직 달려가야 할 목표가 있으니까요

난 2등이 좋습니다
나보다 앞선 사람이 있어 겸손할 수 있으니까요

난 2등이 좋습니다
언제나 내 앞에 나를 감추어줄 그 사람이 있기 때문이죠

난 2등이 좋습니다
크게 드러나진 않지만 승리의 기대가 있으니까요

난 2등이 좋습니다
주춤거려도 안 되고 뛰어나게 앞장서지 않아도 되니까요

오월의 아이들아

난 2등이 되기 위해 노력해야 겠습니다
올해엔 2등의 기쁨을 누리겠습니다

— 박순옥 詩 「난 2등이 좋습니다」 전문

가을 날씨

손녀 조유정(초등 2학년)

가을
구름 한 점 없는 날씨
저 높고 푸르게 색을 입은 하늘
제비도 까치도 나비도 감탄하는 날씨
홀로 들어오는 단풍을 보고
아름다운 여인 베 짜기를 멈추네

— 조유정 詩 「가을 날씨」 전문

11
정년 이후

여호와는 나의 목자시니 내게 부족함이 없으리로다

내 평생에 선하심과 인자하심이 반드시 나를 따르리니

내가 여호와의 집에 영원히 살리로다

(시편 23편 1,6절)

나는 정년을 하고 나니 시간의 여유가 많았다.

2월 한 달 동안 여러 사람들을 만나 함께 식사하고 대화를 나누었지만 그것이 내겐 아무런 기쁨이 아니었다.

나는 하나님께 기도를 하면서 "하나님 제가 앞으로 무엇을 해야 하나님을 기쁘시게 할까요?"라고 물어보며 기도했더니 하나님이 "예수님과 같은 일을 하라"고 하셨다.

그리하여 예수님과 같은 일이 무엇일까를 곰곰 생각해보았다. 예수님은 이 땅에 복음을 전하시고, 병든 자 가난한 자를 찾아가 그들의 친구도 되어 주시고, 병도 고쳐 주셨던 것이 떠올라 병원 전도를 해야겠다는 생각이 들었다.

그런 생각을 갖고 있을 때 하나님은 나에게 기가 막힌 사람들과의 관계를 갖게 하셨다. 수요예배 성가대에서 함께 하는 집사님이 나를 보자고 하더니 병원 전도를 하면 어떻겠냐는 것이었다. 이것은 너무나 놀라운 타임이 아닌가? 우리 두 사람은 의기투합하여 무턱대고 지샘병원으로 전도하러 갔다. 하지만 무엇을 어찌해야 할지 모르고 병원 예배실에서 기도를 하며 앉아 있었다. 잠시 후 집사님이 잘 아시는 목사님이 들어오셨고 그분에게 우리의 이야기를 했더니 그렇잖아도 이런 사람들을 찾고 있었다고 하며 우리에게 같이 전도하자고 하셨다. 할렐루야!

그리하여 병원 전도가 시작되었고 그날부터 일주일에 한 번씩 병원 전도를 다녔다. 나는 목사님의 안내로 병동을 돌아다

오월의 아이들아

니며 환자들을 만나서 이야기를 나누고 그들의 아픔에 동참하며 여러 사람들을 만났다. 그러던 중 나는 그 병원에서 치료를 받으면서도 전도에 관심이 있으신 권사님을 만나 그분과 짝을 이루고 집사님은 목사님과 짝을 이루어 병실의 층을 나누어 전도를 하게 되었다.

나는 권사님과 전도를 할 때 권사님의 환한 웃음과 친절함으로 많은 사람들이 좋아하셨다. 어느 날 병원 복도에서 우연히 만난 한 분의 중년 여성분에게 인사를 하고 그분에게 예수님을 믿느냐고 하니 "자기는 이제 죽을 날이 한 달밖에 안 남았는데 지금 와서 예수님을 믿은 들 무슨 소용이냐"고 했다. 나는 "그렇기 때문에 더욱 예수님을 믿으셔야 한다"고 말씀 드리고 병실에 들어가 복음을 전했다. 그분은 너무나 감격적으로 영접을 했고 그날 목사님께 요청을 드려서 병상세례를 받았다. 그분은 진심으로 감사했고 그 후로 점점 몸이 안 좋아지긴 했어도 심방을 하면 환한 웃음으로 감사하다고 했다.

마지막으로 그 분은 호스피스 병동에서 만났을 때 천국에서 만나자고 하니 "꼭 천국에서 만나요"하며 내 손과 권사님의 손을 꼭 잡고 놓지 않으셨다. 그 후 그분은 돌아가시고 그분의 가족들이 그분의 유언에 따라 모두 교회에 나오게 되었다. 하나님은 병원 전도를 통해 이런 놀라운 기적 같은 일을 보게 하셨다. 할렐루야!

그 후 병원에서 나에게 전인치유사역 강습을 받으라고 하셔서 그것을 12주간 받고 나서 모르는 분에게 긴 카톡을 받았다. 그 글의 요점은 자신이 지금 공항장애를 앓고 있는데 나를 꼭 좀 만나고 싶다고 했다. 알고 보니 그분은 내가 근무했던 학교 선생님의 동생분이셨다.

그분에게 내가 사는 곳으로 좀 오시라고 해서 음식점에 가서 식사 대접을 하고 이야기를 나누었다. 그분에게 내가 무슨 이야기를 했는지 지금 잘 기억이 안 나지만 아마도 그날 하나님이 그분의 마음을 만져주신 것 같다. 그 후 연락을 해서 그분에게 전인치유 교육을 받아보라고 권면했다. 그분은 차를 타기도 엘리베이터를 타기도 너무 두렵다고 했는데 전인치유를 받으러 서울에서 군포까지 일주일에 한 번씩 남편 목사님이 태워다 주셔서 오셨다. 그 이후 그분은 거의 정상이 되어 전인치유 교육의 마지막 날 자신의 공항장애를 하나님이 치유해 주신 간증을 하셨다. 할렐루야!

그분은 지금 나와 함께 전도에 앞장서고 계신다.

오월의 아이들아

어느 날 내가 병원 전도를 하던 중 우리 교회 집사님이 방글라데시에서 선교활동을 하시는 선교사님을 소개해주셨다. 그분을 만나 그분의 활동하신 동영상을 보는데 가슴이 뛰었다. 그분은 방글라데시에 가신 지 20년가량이 되셨다.

이슬람 국가인 방글라데시에서는 어른 사역은 어려워도 어린이들은 방치되어 있기 때문에 전도하기가 상대적으로 쉬운 어린이사역을 하시고 계시며 어린이전도협회에서 방글라데시로 파송하신 선교사님이시기도 하다. 그분을 알게 된 후 나의 사역의 눈이 더 크게 뜨이게 되었다.

나는 그분의 사역을 혼자만 듣기엔 너무 아까워서 우리 교회 목사님께 말씀 드려 수요예배 때 간증을 하시도록 하고 또 교육자선교회 여름수련회 때 간증을 하도록 해서 두 번의 간증을 하셨다. 나는 그분의 선교 사역을 본받기로 했다. 그분이 우리 교회에 와보시더니 이렇게 많은 아파트가 있는데 왜 새소식반을 교회에서 하나만 하느냐고 하셨다.

그때부터 나는 놀이터에 가서 아이들에게 복음을 전하게 되었고 어린이전도협회에 가서 새소식반을 배우고 놀이터에서 무작정 새소식반을 시작하게 되었다. 처음에는 우리 아파트 바로 옆 학교 후문 쪽 놀이터에서 아이들을 만나 그 아이들을 모아 새소식반을 시작했다.

그러면서 일주일에 한번 아이들과 약속을 해 하교시간에 맞춰 놀이터에 있는 평상에서 새소식반을 계속 했다. 3년간을 계속하는데 주변의 학부형들이 와서 왜 이런 곳에서 아이들에게 이런 것을 가르치느냐고 질타를 하고 동영상을 찍으며 여러 가지로 방해를 했지만 난 꿋꿋하게 계속했다.

그러던 중 코로나가 터져서 더 이상 할 수가 없었다. 병원전도도 놀이터 새소식반도 못하고 한 달가량을 손 놓고 있는데 방글라데시 선교사님이 자기네 나라에서는 더 많은 코로나 환자가 생겨서 셧 다운이 되었어도 전도를 계속하고 있으니 나더러 쉬지 말고 하라고 권면을 하셨다.

그때부터 나는 놀이터를 돌아다니며 전도하기 시작했다.

내가 사는 지역의 아파트가 14개 단지여서 매일 한 단지씩을 정해놓고 돌아다니며 아이들에게 복음을 전했고 아이들은 학교를 가지 못하는 날에도 놀이터에 나와 놀고 있었기 때문에 전도할 수 있었다.

날마다 놀이터 전도를 하다 보니 전도지가 필요했다. 그래서 어디서 전도지를 많이 구할 수 있을까를 생각하다가 얼마 전 극동방송에서 전도지를 요청하면 준다고 했던 생각이 나서 극동방송에 전화를 했다. 그랬더니 이런 코로나 시기에도 전도를 하느냐고 감격스럽다고 하면서 방송 인터뷰를 하자고 하여 극동방송 아침 프로그램에 방송 인터뷰를 하게 되었다.

며칠 후 내 목소리가 방송을 타고 나오니 참 신기했다.

그러던 어느 날 놀이터 전도를 계속하던 중 우리 아파트 근처의 놀이터에서 어떤 아주머니가 내가 전도하는 것에 대해 계속 방해를 하면서 하지 말라고 했다. 내가 우리 교회 이름을 대면서 나는 건전한 교회에서 나왔으니 복음의 내용을 들어보시면 맞는 것이라는 것을 알거라고 했는데도 계속 못하게 했다. 6학년 아이에게 전하고 돌아 나왔다. 그다음 일주일 후 그곳을 갔더니 그 엄마가 또 나와 있었다. 이번에는 다른 엄마도 합세해서 못하게 했다. 그들의 눈치를 보고 피해 다니며 전도를 했다.

그다음 주 다시 갔더니 이번에는 놀이터에 가득 엄마들이 모여 있었다. 내가 놀이터 바깥에서 전도를 하는데 엄마들이 몰려와 신고하겠다고 하더니 교회의 목사님과 통화를 하며 "이 사람 전도 못하게 하세요. 앞으로 하시면 경찰에 신고합니다." 너무나 기가 막힌 일이었다.

그 후 목사님은 놀이터 전도를 자제해 달라는 말씀을 하셔서 마음이 너무 상했다. 세상 사람들이 하지 못하게 하는 것은 그들이 알지 못해서 그런 것이라고 하지만 목사님이 전도를 하지 말라고 하시니 이해가 안 되었다.

그러던 중 기도를 하는데 예루살렘에 핍박이 일어났을 때 제자들이 다른 지역으로 흩어져 복음을 전했다는 말씀이 떠올라 다른 곳으로 가서 전해야겠다고 생각했다.

그래서 내가 사는 곳에서 동심원을 그려 가깝지만 우리 교회에서 먼 곳으로 가서 전도하기로 했다. 그러자 지경이 더 넓어졌다.

이젠 전도를 하기 위해 걸어 다니기 어려운 거리여서 전철을 타거나 차를 운전해서 다녀야 했다. 하나님이 그때 전도할 사람을 붙여주셨고 내 친구가 나를 태우고 운전을 해주어서 답사를 할 수 있었다. 그래서 세 군데 지역으로 전도를 하러 가게 되었다. 내 친구가 또 다른 사람들을 전도자로 데리고 와서 다섯 명 정도가 전도팀이 되어 함께 했다. 그 당시 내가 다니던 어린이전도협회에서 어린이날을 기해 어린이날 파티 전도를 하도록 했다. 세 군데 아파트를 돌아다니며 선물을 들고 가서 아이들에게 그림으로 말씀을 전하고 복음의 메시지를 전했다. 아이들이 많이 다가와서 이야기를 들어주었다. 어떤 아파트에

오월의 아이들아

서는 평상에서 놀고 있는 아이들에게 전했더니 그 아이들이 듣고 나가면 또 다른 아이들이 와서 듣고 또 다른 아이들이 와서 들어서 그곳에서 30명가량을 전도했다. 정말 신나는 전도였다.

나는 그 후에도 하절기 두 달 동절기 두 달만 빼고 계속 전도를 하러 다녔다.

크리스마스를 기해서도 크리스마스 파티 전도를 하라고 하여 이번에는 다섯 군데 지역에 선물을 가지고 가서 전도를 했다. 그 날은 미리 전도를 하면서 아이들과 약속을 잡아 날짜와 시간을 알려주고 여기에서 놀고 있으라고 하고 초대장을 나누어 주었다. 그러나 그날을 기억하고 오는 아이는 극히 드물었고 그날그날 나가서 만나는 아이들에게 그림으로 복음을 전했다. 어느 아파트에서는 엄마와 아빠가 번갈아 가며 방해하고 신고를 하여 할 수 없이 쫓겨날 수밖에 없었다.

다음해 여름 방글라데시 선교사님이 한국에 나오셨다고 연락이 와서 함께 식사를 했다.

그 자리에서 선교사님은 나에게 올해는 50팀을 해보라고 말씀하셨다. 나는 뭘 잘못 들은 줄 알고 다시 여쭤봤더니 "50팀을 해 보세요" 하는 것이 아닌가? "아니 제가 다섯 군데 하기도 벅찬데 어떻게 50팀을 하느냐"고 난 못한다고 했더니 기도 해보라고 하셨다. 그날 집에 와서 기도를 하는데 하나님께서 "네가 지난날에 디모데 학교를 할 때 네 힘으로 했느냐?" 하셔서 "아니요 제 힘으로 하지 않았지요. 하나님이 모든 일을 도와주셔서 했어요"라고 대답했더니 "그럼 이번에도 내가 도와 줄 테니 해 보렴"하고 말씀하셨다. 그래서 50팀이 아니라 아이들 1000명을 전도하기로 결심했다.

하지만 1000명의 아이들에게 복음을 전하러 가려면 선물을 1000개를 사야 하는데 혼자 감당하기가 너무 어려워 헌금을 모으기로 했다. 나는 매일 아침 카톡으로 말씀을 올려 드리는 분들에게 기도요청과 함께 기도제목을 올렸다. 그랬더니 여기 저기서 헌금을 보낼 테니 계좌번호를 달라고 하여 헌금이 걷히기 시작했다.

그런데 아이들 선물은 여러 종류의 과자를 사서 포장을 해서 나누어 주어야 하기 때문에 선물 포장 해줄 분도 필요했다. 몇 분들이 지원해 주셔서 포장을 했고 매일 그것을 내 차에 싣고 다니며 아이들에게 나누어 주었다.

날마다 놀이터에서만 전도를 하니 아이들을 많이 만날 수 없었는데 어느 날 하교하는 아이들에게 전도를 하니 하루에 90

오월의 아이들아

명을 전할 수 있었다. 그때부터 학교 앞에 가서 하교하는 아이들에게 전도를 하자 많은 인원에게 할 수 있게 되었다.

아파트가 많은 지역에는 엄마들의 간섭이 심했다. 코로나 시기이기도 하고 변형된 코로나가 극심해서 하루에 2만 명 넘게 코로나 환자가 생긴다는 뉴스가 들렸다. 나는 전도하러 나가야 하나 말아야 하나 결정을 못하고 있다가 그래도 나가자 하고 함께 가실 분들을 기다렸더니 그분들이 오히려 더욱 활기차게 전도의 현장으로 나아가는 것을 보고 내가 부끄러웠다.

어느 비 오는 날 전도를 하는데 엄마들이 학교 앞에 우산을 들고 많이 서 있었다.

우리는 조금 멀찍이 떨어져 전도를 하고 있었는데 길 건너편에서 경찰차 3대가 번쩍번쩍하며 오고 있었다. 설마 우리 때문에 오지는 않겠지 했더니 경찰차가 우리에게 다가와 신고가 들어와 조사한다고 하면서 나의 전화번호와 주민번호를 적어 갔다. 두렵기도 하고 마음속에 화가 치밀기도 했다. 우리가 나쁜 일을 하는 것도 아니고 아이들에게 선물도 나누어주고 그 아이들이 구원받게 복음을 전하는 것인데 말이다. 그래도 고난받으시고 세상에서 배척당하신 예수님을 생각하고 마음을 추스렸다.

그렇게 어려움도 있었지만 어린이날 파티 전도의 총계를 내어보니 1000명이 훨씬 넘는 1300명에게 전도를 하게 하셨고 헌금도 여러 사람의 손길에 의해 필요한 만큼 주셨다.

처음에는 이것이 정말 가능할까 의심했었고 다른 사람들도 어떻게 요즈음 이런 시기에 그 많은 아이들에게 전도를 할 수 있느냐고 의심하면서 믿지 않았다.

그런데 하나님은 우리의 생각과 의심을 뛰어넘는 놀라운 일을 하셨다. 며칠 후 어린이전도협회 소식지에 우리의 전도 간증이 실렸다.

그 다음해 더 많은 아이들에게 전도하기로 작정하고 1500명을 목표로 삼았다.

전도팀들과 4주간 4개의 지역으로 나누어 매일 한 지역씩 돌아다니며 전도했다. 집에서 가까운 곳도 있지만 차를 타고 40분 정도를 가야 하는 곳에 가서도 전했다. 미리 학교들을 답사하여 주차할 곳과 아이들이 하교하는 문이 어디인지 어느 쪽이 많이 나오는지도 대충 알아두고 학교의 학생수를 네이버에서 알아보고 하교 시간도 전화를 해서 미리 알아두었다.

전도팀들은 각기 자기 집에서 차로 달려와서 학교 앞쪽에 모

오월의 아이들아

여서 선물을 나누어 가지고 기도하고 각자 맡은 곳으로 가서 일사분란하게 전도했다.

어느 날엔 지역적으로 멀고 약간 낙후된 지역으로 전도하러 갔는데 학교 바로 옆쪽에 시에서 만들어준 쉼터가 있었는데 아이들이 앉아 쉴 수 있는 좋은 장소였다. 하교하는 아이들을 그곳으로 불러 모아 선물을 주고 세 군데의 의자에 앉아 세 팀으로 나누어 복음을 전했는데 아이들이 매우 진지하게 잘 듣고 영접을 잘했다. 그날 한 학교에서 150명의 아이들에게 복음을 전했다. 참으로 신나는 날이었다.

전도를 하다보면 아파트 지역일수록 그리고 층수가 높을수록 엄마들의 간섭이 더 심하고 교만하다. 역시 복음은 낮은 데로 흘러가는 것 같다.

크리스마스 파티 전도 마지막 날 선물이 부족해 선물 한 개를 두 개로 나누어 아이들에게 나누어주며 전도했다. 우리 전도팀들은 모두 만세를 부르며 하나님께 감사했다.

마침내 전도를 다 마치고 총계를 내보니 2300명을 전도할 수 있게 하셨다. 헌금도 족할 만큼 주셨다. 할렐루야!

그렇게 하고 나니 여기저기서 전도에 관한 간증 요청이 들어왔다. 5군데에서 간증을 하게 되었다. 코로나 시기인데도 거침

없이 나갔더니 이렇게 많은 아이들에게 전도를 할 수 있게 해 주심에 얼마나 감사하던지……

마귀는 이런 나의 행보를 막으려고 힘든 어려움을 주었다. 나에게 참 가슴 아픈 일을 주어서 기도하러 갈 수밖에 없었고 나는 그때부터 새벽과 낮과 저녁에 기도를 계속했다.

하나님은 나의 기도를 다 듣고 계셨고, 내가 실망하지 않고 하나님을 의뢰하고 기도했더니 슬픔을 변하여 화관이 되게 하셨다.

다음해 나는 더 많은 아이들에게 전도를 해야 겠다고 마음먹고 3000명을 작정을 했는데 기도하다가 베드로는 하루에 3000명씩 5000명씩 전도를 했는데 우리는 7주간하는데 6000명 못하겠나 하는 생각에 미치자 이번에는 6000명을 작정하기로 했다.

그렇게 되자 문제는 더 많은 선물비도 필요하고 더 많은 전도팀원들이 필요했다. 그리고 세세하게 계획을 세워 지역마다 초등학교뿐 아니라 원 플러스 원으로 초등과 중등을 엮어서 해야겠다고 마음먹었다.

그렇게 계획을 세워 초등학교와 중학교가 서로 비슷한 위치

오월의 아이들아

에 있는 곳을 하나로 묶어 초등 30개 중등 30개를 정해서 전도를 나갔다.

나는 처음 이 일을 과연 해낼 수 있을까 생각하면서도 '그래 호랑이를 그리다 고양이를 그려도 할 수 없지' 하는 마음으로 시작을 했다. 7주간 동안 매일 초등의 한 학교 중등의 한 학교를 돌아다니며 전도를 했다.

그리고 전도용 선물을 무엇으로 할까 하다가 선물을 포장하기도 어려워 낱개로 포장되어 있는 빵으로 하면 다른 사람에게 부탁 안 해도 될 것 같아 파리바게뜨에서 하루 200개~300개 정도를 주문해 차에 가득 싣고 다니며 나누어 주었다.

그날 초등학교에 갔을 때 저학년 엄마들의 방해와 신고가 계속되었으나 중학생들은 오히려 자유로웠다. 빵을 선물로 주었더니 아이들이 그것을 받으러 모여 들었고 그 아이들에게 맘껏 복음을 전할 수 있었다.

그러다가 어느 날 어떤 초등학교에서 교감 선생님이 신고받고 나오셔서 아이들에게 빵을 나누어주다가 무슨 일이 생기면 식품관리법에 걸려 법적 조치가 있다고 했다.

나는 그 얘기를 듣고 덜컥 겁이 났다. 그래서 빵 대신 무엇으로 아이들에게 나누어주면 좋을까를 생각하다가 어떤 전도팀원이 핫팩을 하면 좋을 것 같다고 해서 핫팩으로 바꾸어 선물을 하기로 했다. 그러자 아이들은 의외로 핫팩을 좋아했다. 그런데 처음에 핫팩 150g짜리로 했더니 너무 무겁고 부피가 커서 여러 개를 한꺼번에 들고 다니기가 너무 어려웠다. 그래서 100g으로 낮추고 또다시 45g으로 낮추어 가장 작지만 알찬 것으로 전도를 계속했다. 이때는 5군데 지역으로 돌아다니며 전도를 했다. 지역마다 좀 다르지만 미리 학생 수를 조사해서 학생 수가 많은 곳으로 찾아다녔다.

전도팀들도 처음에는 어떻게 이것이 가능하냐고 의심하기도 하고 중학생은 어려울 것 같다고 했으나 실제로 부딪쳐보니 중학생들이 더 자유롭다는 것을 알고 중학생에게 전도하는 것을 더 좋아했다. 점점 날씨가 추워지고 초등학교와 중학교 사이에 시간차가 생겨서 그동안 차를 좀 마시는 시간을 갖기도 했다.

전도팀들은 전도만 하는 것이 아니라 잠시 서로 대화를 나누는 시간을 가지니 더욱 관계가 돈독해졌다. 여자 목사님 한 분은 처음 시작했을 때 부부가 함께 나오셔서 하시더니 자기도 어린이 전도에 매일 함께 하시겠다고 하셨다. 그분은 다른 교회에서 파트 사역을 하시는 분이신데 어린이 전도의 중요성을 아시고 매일 나와 주셔서 얼마나 큰 힘이 되었는지 모른다.

오월의 아이들아

그러던 어느 날 내가 옷을 얇게 입고 갔는데 그날따라 바람도 많이 불고 갑자기 기온이 떨어져 매우 추운 날이어서 저체온증으로 쓰러질 것 같은 상황이 되기도 했다. 또한 우리 큰형님이 갑자기 위급하다는 연락을 받아서 그날 나가야 하나 하고 망설이면서도 일단 나가서 전도를 하고 가봐야겠다고 생각했다. 얼마 후 조카가 다음날 오셔도 된다고 연락이 왔고 그 다음날 큰형님이 돌아가셨다. 나는 슬픈 마음으로 장례식을 치르느라 3일간 꼬박 쉬질 못했더니 그만 코로나에 걸리고 말았다.

남들이 다 걸렸어도 나는 안 걸리겠지 하고 생각했는데 코로나에 걸려 2주간은 전도를 쉴 수밖에 없었다. 여러 가지 어려움도 있었지만 전도를 다 마치고 총 결산을 해보니 놀랍게도 7200명이 넘는 아이들에게 복음을 전했다. 참으로 놀라운 일이었다. 이 놀라운 일을 하나님께서 연약한 우리들을 사용하신 것이다. 할렐루야!

그래서 다음해 봄 학기에는 어린이날 파티 전도를 대대적으로 10주간을 초중고를 묶어서 총 100개의 학교에 20000명을 전도하자는 계획을 세웠다.

10주간을 하다 보니 여러 학교를 움직여 다녀야 했다. 이곳

저곳 특히 초등학교에서 엄마들의 항의가 굉장히 많고 신고도 많아서 경찰이 여러 번 동원되기도 했다. 여름도 다가와 덥기도 하고 고등학교는 너무 늦게 끝나 시간도 많이 걸려 힘이 많이 들었다. 함께 하며 어려움도 많이 있었지만 전도팀들의 열기는 식지 않았고 함께 뭉치고 더욱 힘을 내자고 격려했다. 매일 전도현장에서 있었던 일들을 보고하고 사진도 올렸다. 전도 보고를 받은 여러 사람들이 응원의 메시지를 보내주셨고 계속 헌금도 보내 주셨다.

초등학교는 엄마들의 신고와 간섭이 심해 어려웠으나 중학교는 가장 자유롭고 아이들의 마음이 열려 있어 전하기에 좋았다. 그러나 고등학교는 그렇지 않았다. 그 아이들은 선물조차도 잘 안 받아가려는 아이들도 있었고 학원 간다고 시간이 없다고 하는 핑계를 대며 복음을 전혀 듣지 않았다. 그나마 기독교 학교인 경우에는 아이들이 조금 들어주었다.

날씨는 계속 더워 오고 10주간을 하다 보니 지쳐서 전도팀들이 시간을 좀 줄여야 할 것 같다고 했다. 다음 전도 계획은 학교 수를 줄이고 고등학교는 빼고 초등학교와 중학교만으로 계획을 세워야겠다고 생각했다.

10주간 중 한 주간을 줄여서 9주간 동안 전도한 인원이

20000명이 채 안되었지만 거의 비슷했고 영접한 아이들이 거의 10000명에 가까웠다.

이제는 전도팀들이 인원이 이렇게 많아도 별로 놀라지도 않는다. 사실 많은 인원을 하다 보면 한 아이에게 집중을 할 수 없어서 복음을 한 영혼에게 집중적으로 전하지 못하는 단점이 있다. 그래서 인원은 줄이고 아이들 한 사람 한 사람에게 집중하여 전하여 그 아이가 충분히 복음을 받아들이고 영접할 수 있도록 하기로 했다.

이번 학기부터는 전도를 다 마치고 지방 한 군데 가서 전도를 해야겠다는 마음을 주셔서 지방 한 군데를 가려고 생각했다. 어디로 갈까 기도하다가 내가 전도하는 것을 보고 도전을 받아 목포에서 열심히 전도를 하고 계신 분이 떠올라 그분께 연락을 드려서 같이 전도를 하자고 하니 좋다고 하시며 이곳에서 전도자들을 모아보겠다고 하셨다. 처음 시도하는 것이라 신경이 많이 쓰였지만 하나님께서 너무나 모든 것을 완벽하게 준비해주셨다. 생각도 못했던 게스트 하우스도 준비가 되었고 그곳에 갈 때 차비와 선물은 헌금으로 충당이 되었다. 그리고 나를 따라 함께 목포에 가겠다고 하신 한 집사님이 계셔서 같이 가게 되었다. 목포에서 이틀 동안 많은 전도자들을 만났고 함께 전도에 참여하여 두 교회와 여러 다른 교회 분들이 함께 해 주셨다. 그분들은 그곳 집사님을 통해 하루에 400명 이상을 전도하는 사람이 온다고 하니 도대체 누군가 궁금해서 오신 분들이었다. 목포의 집사님이 우리를 잘 대접해주셨고 또 다른 교회 목사님과 사모님과 젊은 장로님이 정말 정성껏 대접을 해 주셔서 너무나 많은 사랑을 받았다.

전도팀들과 함께 목포의 초등학교 두 군데와 중학교 두 군데에 가서 전했다. 두 군데는 교회 분들과 집사님이 아시는 분들이 함께 전도를 했다. 나중에 중학교 앞쪽에서 기념촬영도 했는데 다 세어 보니 12명이었다.

목포의 아이들도 순진해서 잘 들어 주었다. 혹시 아이들이 서울 말씨를 쓰는 우리를 이상하게 보지 않을까 염려했었는데 전혀 그렇지 않았고 아이들도 대부분 표준말을 썼다. 목포에서 이틀간 있는 동안 집사님이 다니는 교회에서 수요예배를 드렸는데 정말 뜨거운 예배여서 목포가 영적으로 뜨거운 곳이란 생각이 들었다.

그곳에서 이틀 동안 1000명 정도의 아이들에게 전도를 했다. 하나님의 일하심을 보면서 나의 전도걸음이 하나님이 기뻐하시는 길이란 것을 느끼며 감사했다.

올해 후반기도 더 넓은 지경으로 나아가 전도할 계획을 세우고 이미 하고 있다. 하나님과 동역하고 전도행전을 그치지 않게 하시는 하나님을 찬양합니다. 할렐루야!

감사해 나의 인생아

낡은 사진첩을 꺼내보니
겹겹이 쌓인 추억

돌잡이 내 동생과 함께 찍은
눈 동그렇게 뜬 귀여운 여섯 살 나
초등학교 시절 동네 산에 올라
엄마 아빠랑 찍은 유일한 사진

꿈 많은 중학교 고등학교 시절
허리 잘록한 백합꽃 버클
고2 때 손잡고 다정하게 이야기 나누던
나의 사랑하는 벗 신애

긴 생머리 드리우고
교재 들고 찍은 대학시절 사진
결혼 전 남편과 데이트하던
상큼하고 예쁜 아가씨 시절

결혼할 때 하얀 모자 베일을 쓰고
아버지와 손잡고 걸어 들어가던 신부
첫딸을 낳아 부은 사진
둘째 아들 업고 딸 손잡고 찍은 사진

아이들이 커 가는 동안
생일잔치 재롱잔치 졸업 사진
좋은 짝 만나 결혼한 사진

앙징스런 손자 손녀 사랑스러워
입가에 가득한 함박웃음
이제 할머니 된 나와 주름진 남편

사진첩 속의 긴 추억 여행

오월의 아이들아

고맙다 내 추억아
감사해 나의 인생아

— 박순옥 詩「감사해 나의 인생아」 전문

할렐루야!

하나님 작고 보잘것없는 저를 어린이와 청소년들에게 전도할 사명을 주셔서 감사합니다.

늘 함께 하셔서 내가 주님나라 가는 날까지 저를 사용하여 주시고 영육을 강건케 하여 주소서.

하나님을 찬양합니다. 할렐루야!

오월의 아이들아

1쇄 발행일 | 2023년 12월 07일

지은이 | 박순옥
펴낸이 | 정화숙
펴낸곳 | 개미

출판등록 | 제313 – 2001 – 61호 1992. 2. 18
주소 | (04175) 서울시 마포구 마포대로 12, B-103호(마포동, 한신빌딩)
전화 | (02)704 – 2546
팩스 | (02)714 – 2365
E-mail | lily12140@hanmail.net

값 15,000원